中公文庫

吾輩はライ麦畑の青い鳥

名作うしろ読み

斎藤美奈子

中央公論新社

はじめに

〈国境の長いトンネルを抜けると雪国であった〉（川端康成『雪国』）
〈木曾路はすべて山の中である〉（島崎藤村『夜明け前』）
みんな知ってる名作文学の書き出しである。では、同じ作品のラストはどんな文章なのか、この際、調べてみようじゃないの。そんなコンセプトでまとめたのが『名作うしろ読み』（中央公論新社・二〇一三年／中公文庫・二〇一六年）だった（『雪国』『夜明け前』の末尾の文章については同書を参照されたい）。

本書は、その『名作うしろ読み』の姉妹編である。

名作のラストの一文を読んでみよう、という趣旨は前著と同じ。ちがっているのは、「名作」の範囲を広げ、海外文学を増やしたこと、ややマニアックな本も加えたこと。童話も時代小説も歴史小説もミステリーもSF的な作品も……と四方八方に食指を伸ばした結果、自分でいうのもどうかと思うが、よくいえば絢爛豪華、悪くいえば欲張りすぎな本になった。日本の近代文学を中心に、海外文学を少し加えて構成された『名作うしろ読み』が「あっさり醬油味」なら、この本は「こってり豚骨味・トッピング全部のせ」風かもしれない。

「結末を知ったら本を読む楽しみがなくなる」という巷の声に対しては、

「ネタバレを恐れて批評ができるか」

「ラストの一文を知ったくらいで名作の価値は減らない」

と、私はかねがね主張してきた。いまもその気持ちは変わらない。

けれども、エンターテインメント方面に対象の範囲を広げたことで、新たな心配が浮上したのも事実である。ラストの一文を明かして、本当に大丈夫なの？

その点はしかし、ご安心いただきたい。さすがの斎藤も推理小説の犯人を明かすほど野暮ではないし、そもそもわずか二ページで紹介できる物語内容など、逆立ちしたところでタカが知れている。ラストの一行で「ネタバレ」するほど、名作はヤワではないのである。

吾輩はライ麦畑の青い鳥　名作うしろ読み　目次

1 危険な恋愛

2 少年と少女の部屋

大人も真っ青。純真なだけではいられない未成年の物語。……53

3 おとぎ話の迷宮

知ってたつもりの名作童話も、大人の目で見直せば……。 …87

4 歴史は劇場

娯楽目的の時代小説、史実に基づく歴史小説。どっちがお好き？……123

5 犯罪のあとさき

「犯人は誰？」の興味を超えた、ミステリーと超ミステリー。……161

6 現代の奇譚

空想と科学は紙一重。ロボット、宇宙、タイムマシン、人の脳⁉……197

7 旅こそ人生

冒険の旅、探求の旅、遊興の旅。人は移動する生き物だ。……233

8 社会と人間

人の世は不条理だらけ。格差、貧困、戦争、差別。……269

吾輩はライ麦畑の青い鳥

名作うしろ読み

1 危険な恋愛

許されぬ恋、満たされぬ恋。
なぜにあなたは破滅を選ぶ。

けれども、ジュリアンの死後三日目に、夫人は自分の子供たちを抱きながらこの世を去った。

『赤と黒』（一八三〇年）スタンダール

●ラスト二ページの衝撃

ジュリアン・ソレルは世界文学史上、もっとも有名な人物のひとりである。

彼はスタンダール『赤と黒』の主人公だ。美貌に恵まれた秀才だが、貧しい平民の家に生まれたこともあり、出世のためなら何でもするという青年。一八歳で家庭教師として雇われたレナール氏（ヴェリエールという小さな町の町長である）の妻に接近して恋仲になったのも、レナール家を出た後、パリで侯爵令嬢のマチルドと恋の駆け引きを演じるのも、もともとは出世のためだった。

個人の階級闘争劇。といっても、そこは二〇歳そこそこの若者だ。すべて思惑通りに行くはずもなく、マチルドとの結婚にこぎつけ、晴れて貴族階級の一員になれるかと思われた寸前、レナール夫人に銃を向け、夫人は命をとりとめるも、彼は死刑を宣告されて断頭台に送られるのだ。

注意すべきはしかし、小説が彼の死では終わらない点だろう。ジュリアンが自らの墓に指定したのは、かつてレナール夫人とすごしたヴェリエールが一望できる洞窟だった。その希望をかなえるべく、マチルドは、斬り落とされたジュリアンの生首にキスするという衝撃的なやり方で彼を弔う。その一方で〈レナール夫人は約束を忠実にまもった。すすんで自分の命を縮めようなどとはけっしてしなかった。けれども、ジュリアンの死後三日目に、夫人は自分の子供たちを抱きながらこの世を去った〉。

え、最後の最後で死んじゃうわけ？　死因さえわからぬ唐突な結末。仕方がないので小説の冒頭に戻ると、まるでジュリアンが眠る洞窟から見たような光景が……。

〈ヴェリエールの小さな町はフランシュ－コンテのもっとも美しい町の一つにかぞえることができる。赤瓦の、とがった屋根の白い家々が丘の斜面にひろがっていて、そこへ勢いよく成長した栗の木の茂みが、丘のごくわずかな起伏までもくっきり描き出している〉

最初から悲劇は約束されていた？　特に物語が悲劇性を強めるのは終盤だ。野心家の青年を永遠のアイドルに変えたのは二人の女性の力だった。ラスト二ページのマジックである。

実際に起きた事件に取材した作品。タイトルは当時の出世コースだった軍人（赤）と聖職者（黒）の衣服に由来するともいわれるが、真偽のほどは不明である。

●スタンダール（一七八三～一八四二）主な作品は『パルムの僧院』『恋愛論』など。フランスの作家。ナポレオンのイタリア遠征軍に参加してミラノに入城して以降、ロマン主義に共鳴。バルザックと共にフランスの近代小説の先駆者とされる。街頭に卒中で倒れたまま没。
●出典…岩波文庫（桑原武夫、生島遼一訳）

ランプをもって女中がはいってきた。

『狭き門』（一九〇九年）アンドレ・ジッド

●天上の神との三角関係

アンドレ・ジッド『狭き門』は世界文学界きっての奇態な恋愛小説だ。語り手の「わたし」ことジェロームは二歳上の従姉のアリサが大好き。結婚したいしたいと、ずーっと思ってきた。ところがアリサは彼の求婚を拒み続ける。

「なぜこのままではいけないの？」「今のままで、二人は、十分幸福ではなくって？」

彼女は神への愛に至上の価値を置いていて、地上の幸福はいらぬというのだ。

ジェロームは悩みながらも彼女の気持ちを尊重しようとするが、当のアリサは心身を患い、療養院で死んでしまう。残されたアリサの日記にはしかし、ジェロームへの切々たる思いがつづられていた。宗教と恋愛感情の間で、彼女も悩んでいたのである。

いわば神との三角関係。これじゃあ二人の仲も進展しないはずである。

ジッドはピューリタニズム批判としてこれを書いたというが、日本では別の文脈で愛読された。この禁欲的な感じが十代の読者のピュアな心に響いたのであろう。

ラストはアリサの死から十数年。アリサの妹のジュリエットをジェロームが訪ねる場面だ。

ジュリエットはいう。「希望のない恋を、そういつまでも心に守っていられると思って？」ジェロームの答えは「そう思うよ」。ジュリエットは昔、ジェロームが好きだった。が、姉が自分に彼を譲ろうとしていると知り、別の男と結婚したのだ。「目をささなければ……」といってジュリエットは立ち上がるが、すぐに〈椅子の上に倒れてしまった。彼女は両手を顔にあてた。泣いているらしかった……／ランプをもって女中がはいってきた〉。

涙の意味は姉を思い出した悲しみか、それともジェロームへの二度目の失恋か。最後の一文は「日が暮れて部屋が暗くなった」の意味だけど、ここには子だくさんの家庭に恵まれた彼女の幸福が象徴されている。次の瞬間、彼女は涙をぬぐって女中に指示を出すだろう。

神への愛に殉じた頑なな姉と、失恋するも現世的な幸福をつかんだ柔軟な妹との対比が鮮やか！

タイトルはエピグラフにもある「力を尽して狭き門より入れ」（新約聖書「ルカによる福音書」）に由来する。かつて高校生の必読図書とされたのは、禁欲が奨励されたせい？

●アンドレ・ジッド（一八六九〜一九五一）主な作品は『背徳者』『田園交響楽』『贋金つかい』など。フランスの作家。幼少期の厳格なプロテスタント教育や従姉マドレーヌとの恋愛・結婚生活、音楽的教養が創作のテーマに。批評家としても名を成した。

●出典…新潮文庫（山内義雄訳）

「アーメン、主イエスよ、来てください」と

『ジェイン・エア』（一八四七年）シャーロット・ブロンテ

じつは自己主張する女性の物語

「かわいそうな物語」のような気がしていたが、ン十年ぶりに新訳で読み直したシャーロット・ブロンテ『ジェイン・エア』はむしろ自己主張する女性の物語だった。

幼くして両親を亡くし、孤児となったジェイン・エアは、伯父の家に引き取られ、伯父亡き後は義伯母に虐待されて育った。寄宿制のローウッド養育院で生徒として六年、教師として二年をすごした後、ソーンフィールド邸に住み込みの家庭教師として雇われた彼女は、当主のロチェスターに惹かれていく。

二人はめでたく婚約するが、結婚式の最中、あらぬ事実が発覚する。ロチェスターは邸宅内に心を病んだ妻を幽閉していたのである。うう、ショック！

後半にはしかし、別の男性とのお話が待っているのだ。

失意のうちに邸宅を出たジェインは、放浪の末、牧師のセント・ジョンとその妹たちに助けられ、村の学校の教師となる。セント・ジョンはじつはジェインの従兄で、しかもジェインには叔父が遺した財産が転がり込む。ところが彼女は結婚して一緒にインドに行こうとい

うセント・ジョンとの未来を捨て、ロチェスターのもとに向かうのだ。ソーンフィールド邸は妻の放火で焼失し、妻は死亡、ロチェスターは失明していた。

最終章。ロチェスターは視力を回復、二人は幸せな結婚生活を送っていた。一方、インドに渡ったセント・ジョンはいまも独身。不治の病の床にあるらしい。いわば大逆転劇である。ラストは聖書（ヨハネの黙示録）を引用したセント・ジョンの言葉である。

〈「然り、わたしはすぐに来る」、そしてわたしは、熱意をもってそれに答えます――「アーメン、主イエスよ、来てください」と〉

前途有望な青年ではなく、二〇歳も年上の男との困難を選んだジェイン。最終盤で、ロチェスターの妻も、セント・ジョンも亡き者にされるのは、ハッピーエンドのための保険かしら。夫の元妻や自分の元彼が生きていたら、寝覚めがよくないですからね。

当初はカラー・ベルという男性名で出版された作品。作者はブロンテ三姉妹の長女。発表当時から、社会通念に反逆し、自由恋愛を貫いた画期的な女性の物語として話題になったそうだ。

●シャーロット・ブロンテ（一八一六〜一八五五）主な作品は『シャーリー』『ヴィレット』『教授』など。イギリスの作家。妹のエミリーとアンと〝ブロンテ三姉妹〟で共同の『詩集』を発表。姉妹それぞれが小説を執筆した。三八歳で夭折。

●出典…岩波文庫（河島弘美訳）

こうして奥方の一生は、それはかなり短かいものだったが、ほかに類いのない貞淑の鑑としてたたえられたのである。

『クレーヴの奥方』（一六七八年）ラファイエット夫人

姦通小説はこの一冊からはじまった

ヨーロッパ、特にフランス文学には、人妻と独身男性の恋愛を描いた「姦通小説」というジャンルがある。ルソー『新エロイーズ』（一七六一年）、バルザック『谷間の百合』（一八三五年）、フローベール『感情教育』（一八六九年）、ラディゲ『ドルジェル伯の舞踏会』（一九二四年）……。その源流がラファイエット夫人『クレーヴの奥方』である。

舞台は一六世紀の貴族社会。クレーヴ公の夫人であるヒロインは、皇太子妃の信頼も得ている美しく貞淑な人妻。ヌムール公は野心家の美青年で浮き名が絶えず、皇太子妃との仲も噂されていた。そんな二人が宮廷の舞踏会で出会い、互いに激しく惹かれ合う。

〈野心と恋愛とは宮廷生活の心髄のごときもので、男も女もひとしくそれに憂き身をやつしているのである〉と語り手が述べているように、フランスの宮廷風恋愛にはちょっとゲームのような面があり、文学の世界でも、中世の騎士道文学に起源をもつ、貴婦人と独身の貴公子との空想的な恋愛小説（ハーレクインみたいなもの？）が幅を利かせていた。

そんな中、『クレーヴの奥方』だけが今日まで生き残ったのは、細緻な心理描写と悲劇的な展開による。恋愛小説の歴史はここで大きく変わったのだ。

夫のクレーヴ公に問い詰められ、とうとう苦しい胸の内を明かしてしまう夫人。嫉妬のあまり心労がたたって命を落とす夫。自由の身になった夫人はさらに激しい後悔に悩まされる。〈なぜあたくしがまだ自由だった時にあなたのことを聞き、婚約するまえにお会いしなかったのでしょう〉と恋人に向かって夫人は嘆く。〈障害なぞないのですよ。あなたが勝手に私の幸福のじゃまをしておいでなのだ〉となじるヌムール公。しかし、夫人は公の求愛を拒み、家と修道院を行き来する生活に入る。〈こうして奥方の一生は、それはかなり短かいものだったが、ほかに類いのない貞淑の鑑としてたたえられたのである〉で完。

愛し合いながらも、最後まで貞操を守ることが、姦通小説のお約束。それをキッパリ示したラストの一文。プラトニックにこだわるからこそ、面倒な恋愛になるんですけどね。

日本の姦通小説としてよく知られているのは大岡昇平『武蔵野夫人』(一九五〇年)だろう。フランス文学者の貞淑な妻・道子と従弟の勉との報われぬ愛。まさに王道の姦通小説だ。

●ラファイエット夫人(一六三四～一六九三) 主な作品は『モンパンシエ公爵夫人』『ザイード』『タンド伯爵夫人』など。フランスの作家。パリにサロンを開き、ラ・フォンテーヌ、ラ・ロシュフーコーらと親交を結んだ。フランス心理小説の始祖。

●出典…岩波文庫(生島遼一訳)

おれはそれを自分の生活に与えることができるのだ!

『アンナ・カレーニナ』(一八七七年)トルストイ

不倫相手と逃げた結果は……

『クレーヴの奥方』がそうであるように、姦通小説の王道は、既婚の貴婦人と独身の青年が報われぬ恋に落ちるも貞操を守ったまま女性が死ぬ、というものだった。ロマンチックな半面、偽善の匂いも否めない。この定型を、リアリズムの力でブチ破ったのがトルストイ『アンナ・カレーニナ』である。

青年士官ヴロンスキーは、モスクワ駅で、母と同じ車室にいた高級官僚カレーニンの妻アンナに心を奪われる。幼い息子の母親でもあり、ヴロンスキーの求愛を最初は拒んだアンナだったが、二人の仲は進展、やがてアンナは夫にすべてを打ち明ける。「もうあなたの妻でいることはできません」。宣告された夫の決断は、決闘でも離婚でもなく、黙殺だった。

ここまではほぼお約束通り。だが、やがてアンナはヴロンスキーの子どもを出産、ヴロンスキーは退官し、二人はすべてを捨てて、外国に出奔するのだ。アンナは産褥熱で死にかける。ヴロンスキーはピストル自殺に失敗する。ともかくドラマがてんこ盛り!

物語にはまた破滅的な恋愛に走る二人を相対化するように、ヴロンスキーに失恋したキチイと、地方領主リョーヴィンとの平凡な恋愛と結婚が同時進行的に描かれる。
ロシアに戻り、田舎で新しい生活をはじめたアンナとヴロンスキーだったが、待っていたのは夢にみたような幸せではなく、おそろしい倦怠期だった。社交界は追い出され、夫は離婚してくれず……。二人にとって田舎暮らしは退屈なうえ、気持ちにもすれ違いが出はじめる。〈あの人はほかの女を愛しているんだわ〉と考えるアンナ。〈いやはや！　また愛情談義か〉と顔をしかめるヴロンスキー。思いつめたアンナはとうとう鉄道に身を投げて……。ラストは平凡なほうのリョーヴィンの述懐である。宗教と戦争の問題で悩んでいた彼は、妻子が無事でいることの幸せを嚙みしめて考える。おれの生活は〈疑いもなく善の意義をもってい〉る。〈おれはそれを自分の生活に与えることができるのだ！〉
さんざん読者を振り回した末の道徳的な結末。不倫相手と逃げても、待っていたのは以前と同じ退屈な日常とヒロインの死。だから不倫はおやめ、という教訓ですかね。

『戦争と平和』と並ぶトルストイの代表作。何度も映画になっており、グレタ・ガルボ、ヴィヴィアン・リーなどの大女優がヒロインを演じた。二〇一二年にも映画化されている。

●レフ・トルストイ（一八二八〜一九一〇）主な作品は『戦争と平和』『イワン・イリッチの死』『復活』など。ロシアを代表する文豪。伯爵家の四男として生まれる。農地経営の失敗、放蕩生活の後に書いた『幼年時代』が好評を博す。鉄道の駅長官舎にて肺炎で死去。
●出典…新潮文庫（木村浩訳）

彼は近ごろ名誉勲章をもらった。

『ボヴァリー夫人』（一八五七年）フローベール

恋愛病と贅沢病に憑かれた女の悲喜劇

姦通小説は数あれど、フランス文学史に燦然と輝くフローベール『ボヴァリー夫人』はその筋の最高傑作だろう。いや、姦通小説を換骨奪胎した批評的作品というべきかもしれない。なにしろヒロインはじめ、登場人物が俗物ばかりときているのだ。

医師のシャルル・ボヴァリーと結婚したエンマは、修道院で育った夢見がちな女性。小説や物語に描かれたロマンチックな空想にひたっている。結婚したのも、実家での退屈な暮らしにうんざりしていたからだった。しかし、田舎での結婚生活はロマンチックな物語とはほど遠い。「ああ、なぜ結婚なんかしたんだろう」

ある日、侯爵家の舞踏会に招かれ、上流の暮らしを垣間見たことから彼女の焦りはますます募る。パリの地図を買い、流行のファッションや芝居、競馬、夜会などの情報を読みあさり……。エンマの行状は、都会に憧れる現代の女性とまったく同じだ。

こういう人の周りには、危険な誘惑が渦巻くのである。

家事もしなくなった妻を心配した夫のシャルルは、夫婦で転居し、子どもも生まれるが、やがてエンマは不倫の恋に生きる価値を見いだすようになる。公証人の書記レオンと、あるいは資産家のロドルフと。「私には恋人がある！ 恋人がある」とくり返すエンマ。しかし、肝心のロドルフは彼女と駆け落ちする気などなかった。一方、シャルルは薬剤師のオメーにそそのかされる、エンマは贅沢に走るで、ボヴァリー家の借金はかさみ、エンマはついにレオンやロドルフに金を貸してと頼むまでに落ちぶれてしまう。

結局、エンマは絶望して毒を飲み、エンマの死後に妻の不貞を知ったシャルルもショック死する。なんとも救いようのない悲喜劇。ラストは、この小説の陰のキーパーソンの動向だ。〈オメー氏は物すごいほどの顧客をつくっている。当局も彼には一目おき、世論も彼を擁護している。／彼は近ごろ名誉勲章をもらった〉

恋愛病に冒されたエンマとマヌケな夫をあざ笑うかのような末尾。ちょっと三面記事風だ。

作者が「ボヴァリー夫人は私だ」と述べたのは有名な話。姦通小説のパロディといってもいい作品だが、発表当時からベストセラーとなり、読者の間でも賛否両論が渦巻いたという。

●ギュスターヴ・フローベール（一八二一〜一八八〇）主な作品は『感情教育』『三つの物語』『ブヴァールとペキュシェ』など。フランスの作家。法律を学ぶも神経疾患の持病により文学に専念。小説における写実主義を確立した。晩年は旧友の甥・モーパッサンを熱心に指導した。
●出典…岩波文庫（伊吹武彦訳）

悲しげな叫び声は、大雨の後の晴れやかな夏の朝の空気をかき乱して、惨《いた》ましく聞え続けた。

『或る女』（一九一九年）有島武郎

船上で火がついた世紀の恋

アンナ・カレーニナやスカーレット・オハラ（『風と共に去りぬ』）のような、文学界に君臨する「ザ・ヒロイン」が日本文学には少ない。しいていえばこれ、有島武郎『或る女』だろうか。主人公は早月《さつき》葉子という美貌の女性である。

二〇歳で結婚したものの二か月で別れた葉子。離婚後に生まれた娘はばあやに預けられた。二五歳になった葉子は周囲の説得で実業家の木村と婚約し、彼が待つシアトル行きの船に乗る。ところが、この船に運命の人がいた。船の事務長・倉地である。

〈始めて猛獣のようなこの男を見た時から、稲妻のように鋭く葉子はこの男の優越を感受した〉というから穏やかではない。かくて葉子は倉地との恋を貫くべく、米国に着いても体調不良を理由に上陸を拒み、木村を残して日本に帰ってしまうのだ。

いやあ、倉地が猛獣なら、葉子も相当な肉食系である。

しかし、これだけの掟破りをやらかして、無事にすむはずもない。日本に帰ってからの後編は、これでもか、というほどの不幸の連続攻撃となる。

倉地には妻と三人の娘がいることを知っての恋愛のはずだった。しかし、二人の恋愛スキャンダルは新聞に書きたてられ、倉地は会社をクビになり、葉子は嫉妬に苦しみ、妹二人を引き取って暮らしはじめるも、今度は上の妹と倉地の仲を疑い、下の妹が病に冒され、愛想をつかした倉地が葉子のもとを去り、やがて葉子自身も病床の人となる。

〈「痛い痛い痛い……痛い」／葉子が前後を忘れ我れを忘れて、魂を搾り出すようにこう呻く悲しげな叫び声は、大雨の後の晴れやかな夏の朝の空気をかき乱して、惨ましく聞え続けた〉。子宮内膜症で手術を受けた葉子が激痛の中で死を悟る場面である。「痛い痛い痛い……痛い」という声が空に響くのですからね。葉子二六歳。凄絶すぎるラストである。

恋愛自体がレジスタンスとされた時代である。これはこれで奔放な生き方とはいえるけれども、恋愛至上主義は身を滅ぼす、の見本みたい。葉子が死んではいないだけ、まだマシか。

葉子のモデルは国木田独歩の最初の妻・佐々城信子。有島は当初『或る女のグリンプス』（一九一三年）として前半だけを発表した。モデルの信子は新たなパートナーを得て七一歳で没した。

●有島武郎（ありしま・たけお　一八七八〜一九二三）主な作品は『カインの末裔』『生れ出づる悩み』、評論『惜みなく愛は奪ふ』など。弟は画家の有島生馬、小説家の里見弴。欧米留学から帰国後、弟たちと共に白樺派運動に加わる。軽井沢の別荘で『婦人公論』記者・波多野秋子と心中。

●出典…新潮文庫

「左様なら」を凱歌の如く思つて、そこを引きあげた。

『耽溺』（一九〇九年）岩野泡鳴

田舎芸者とのぐだぐだな関係

岩野泡鳴は田山花袋や島崎藤村と並ぶ、自然主義台頭期の作家である。だが、出世作『耽《たん》溺《でき》』を読んだ人は「しょーもない小説！」とあきれるだろう。

テキストは〈僕は一夏を国府津の海岸に送ることになつた〉と書き出され、相模湾に面した国府津（現神奈川県小田原市）を主な舞台に、妻子持ちの作家の「僕」こと田村義雄と、この地の芸者・吉彌《きちや》とのぐだぐだした関係をつづってゆく。「女優にしてやる」という甘言で彼女を釣るも、金の工面ができず、妻に着物の質入れを命じる田村も田村。他にも身請けを約束した男が複数いることを隠し、実の母ともども田村にたかれるだけたかる吉彌も吉彌。愚にもつかない男女の情痴話が、なぜ文学史に名を残したのか。

それはこの小説が「一元描写」の嚆矢《こうし》とされているからだ。「僕」という一人称で「僕」の知り得たことだけ書く。今日では一般的なこのスタイルは泡鳴が唱えた方法だった。

実際、この方法を用いると、語り手の主観が自在に書ける。〈妻が焼け半分の厭みッたらしい文句ばかりを云つて来る〉とか、〈僕はなけなしの財布を懐に、相変らず陰鬱な、不愉快な家を出た〉とか、〈自分の自由になる物は、——犬猫を飼つてもさうだらうが——それが人間であれば、如何なお多福でも、一層可愛くなるのが人情だ〉とか。「僕」はもう言いたい放題だ。

終盤、吉彌は性病由来とおぼしき眼病を患い、妻は夫の放蕩と金策に疲れ果てて病に伏す。「僕」は〈復讐に出かける様な意気込み〉で東京で療養中の吉彌を訪ねるが、すでに同情心のかけらもない。〈「先生、私も目がよけりやアお供致しますのに——」／僕はそれには答へないで、友人と共に、／「左様なら」を凱歌の如く思つて、そこを引きあげた〉。

なんという不埒な幕切れか。こうしてみると、似たような題材を扱った川端康成『雪国』など相当洗練されていたのだなと思わざるを得ない。ひとりよがりな男と小ずるい女の泥臭いすったもんだ。「凱歌」はしかし本心？　やせ我慢？　そのへんの揺らぎも一元小説の妙味ではある。

日本型の「自然主義」はダメ男のダメな行状を赤裸々に描く点に特徴がある。その点では田山花袋『蒲団』などと同類だが、三人称の平面描写を主張した花袋とは表現方法で対立した。

●岩野泡鳴（いわの・ほうめい　一八七三～一九二〇）主な作品は『泡鳴五部作』、評論『神秘的半獣主義』など。詩人として文壇入りし、『耽溺』が成功を収めるも、樺太に缶詰製造業を興して失敗。女性関係も奔放かつ露骨に作品に投影し、精力的に執筆した。
●出典…岩波文庫

「そんなもん見てはいけまへん。」と、むっとしたように私の手から其等の写真を奪いとった。

『黒髪』（一九二四年）近松秋江

じらす女のテクがスゴイ

日本文学には「中年男が芸者に入れあげて身を持ち崩す」というパターンの物語が少なからず存在する。名づけて情痴小説。岩野泡鳴『耽溺』にもその気配があるけれど、谷崎潤一郎に「情痴小説もこゝまで来れば一つの極」といわしめたのが近松秋江『黒髪』である。『黒髪』の雰囲気は『耽溺』とはかなり異なる。まず語り手の女に対する思い入れが半端じゃない。「女」とだけ記される彼女は京都の芸妓。知り合って足かけ五年。「私」は彼女にぞっこんで〈まるで熱病にでも罹っている如き状態〉だが、彼女には別の身請け話もあり、気が気ではない。アイドル同様、芸妓は「みんなのもの」だから恋した男は辛いのだ。

じらしのテクがまたすごい。「私」に対する女のじらし方も、読者に対する作者のじらし方もだ。一年半ぶりに会ったのに、何を聞いても女は「こゝではそのことも云えませんから、私、かえります」「下河原の家へこれからいて待っとくれやす」。指定の料理屋に行けば行ったで「こゝではいえまへん」「あんたはん、私、ちょっと帰ります」。

じらされた読者はつい語り手に肩入れしてしまう。

「あとでいいます云いますって、それが、あんたの癖だ。もうそれを云って聴かしてくれてもいゝ時分じゃないか」。そーだ、早くいえ！

なにゆえ女はこんなにじらすのか。ラストですべてが明らかになる。彼女の母の手引きでようやく案内された民家の二階。安堵した彼は長逗留するが、ある日、仏壇の中に洋装の四十男と和服の三十男、二枚の写真を見つけるのだ。「おい、これは何うした人？」〈すると女は、すぐ此方を振顧りながら立って来て、／「そんなもん見てはいけまへん。」と、むっとしたように私の手から其等の写真を奪いとった〉

なんのことはない、女はもう別の男に囲われていた⁉というオチである。

二股、三股をかけつつ男を巧みに操る女。好きすぎてそれに気づかない男。こうなると純情というよりバカだけど、ストーカー誕生の瞬間を思わせるラスト。愚かすぎて笑ってしまうが、その後は！

『黒髪』は『狂乱』『霜凍る宵』を含めた三部作の第一作。続編では男は姿を消したくだんの芸妓（お園）を追い続ける。「つづく」と入れたくなる『黒髪』のラストも、その意味では上手い。

●近松秋江（ちかまつ・しゅうこう　一八七六〜一九四四）主な作品は『疑惑』『子の愛の為に』など。職を転々とした後、『別れたる妻に送る手紙』が評価される。評論家・赤木桁平から撲滅すべき遊蕩文学の作者と批判されるも、旺盛に執筆。晩年は両目を失明した。
●出典…講談社文芸文庫

ナオミは今年二十三で私は三十六になります。

『痴人の愛』（一九二五年）谷崎潤一郎

上昇志向に逆らって落ちていく男

年長の男性が少女を手もとに置いて理想の女性に仕立てようと考える。日本文学きってのロリコン小説＝谷崎潤一郎『痴人の愛』は、『源氏物語』第五帖「若紫」や映画の『マイ・フェア・レディ』を連想させる小説である。

物語は〈私は此れから、あまり世間に類例がないだろうと思われる私達夫婦の間柄に就いて、出来るだけ正直に、ざっくばらんに、有りのまゝの事実を書いて見ようと思います〉と書き出され、読者への呼びかけを挟みながら、手記か手紙のような調子で進む。

語り手の河合譲治は二八歳。宇都宮出身、東京の工業高校を出て電気会社に勤める技師である。彼はある日、浅草のカフェで新米ウエートレスのナオミ（奈緒美）に目をつける。数えで一五歳のナオミはメリー・ピクフォード似の西洋人のような顔立ちだった。

下町の貧しい家庭で育ったナオミを譲治は引き取り、着せ替え人形よろしくファッショナブルに着飾らせ、贅沢をさせ、楽しく毎日をすごすが、ナオミはなにしろ勉強嫌い。英語を教えて教養ある女性に育てようという譲治のもくろみはもろくも崩れる。

立派なレディに育った若紫やイライザとは逆に、わがままなナオミに譲治が負け続けるのが、この小説のポイントだろう。複数の男性との浮気を繰り返すナオミ。そのたびに、怒りにふるえながらも許してしまう譲治。河合譲治のような上京青年は近代文学の典型的な人物像だけど、彼らの上昇志向に逆らうように、彼は女に溺れて落ちていくのだ。

ラストでついに彼は開き直る。〈馬鹿々々しいと思う人は笑って下さい。教訓になると思う人は、いゝ見せしめにして下さい。私自身は、ナオミに惚れているのですから、どう思われても仕方がありません〉。そして小説は自分らが「いい大人」であることを強調して閉じる。〈ナオミは今年二十三で私は三十六になります〉

西洋かぶれで頭でっかちな近代日本への批評と見るか、単なる援助交際のなれの果てと考えるか。長編らしい波瀾万丈の展開もほとんどない長編小説。「痴人」には「知識人」に偏重した日本文学への反逆の気分が込められている気がしないでもない。

ナオミのモデルは谷崎の妻だった千代の妹・小林せい子とか。二〇一五年には『痴人の愛』をトリビュートした山田詠美『賢者の愛』が出版された。こちらは中年女性と少年の物語である。

●谷崎潤一郎（たにざき・じゅんいちろう　一八八六〜一九六五）主な作品は『刺青』『春琴抄』『瘋癲老人日記』、随筆『陰翳礼讃』など。性や美、古典や純日本的な文化など、さまざまなモチーフで執筆し、作風を変化させた。『源氏物語』の現代語訳でも功績を残す。

●出典…中公文庫

直子は、／「（略）兎に角、自分はこの人を離れず、何所《どこ》までもこの人に随いて行くのだ」というような事を切《しきり》に思いつづけた。

『暗夜行路』（一九三七年）志賀直哉

世代をまたぐ不適切な関係

志賀直哉の唯一の長編小説『暗夜行路』は、自然描写がすばらしいと評される作品だが、男女の不適切な関係が主人公を徹底的に悩ませる点では、不義の後遺症小説ともいえる。幼くして母を亡くし、なぜか突然、祖父に引き取られた主人公の時任謙作《ときとうけんさく》は、祖父の死後、兄から衝撃の事実を知らされる。謙作は父の外遊中、母と祖父の過失によって生まれた子どもだったのだ。作家を志すも、生活は荒れる一方。しかも祖父のお妾としてともに暮らしてきたお栄を女として意識しだし、思いあまって尾道に居を移す。縁談はうまくいかない。小説の筆もはかどらない。前篇は「出生の秘密に悩む青年」の物語である。

後篇では一転、謙作は平安を得る。京都で出会った女性・直子と結婚、静かな新婚生活をスタートさせるのだ。けれども、生まれた子どもはまもなく病死。またもや悩みのタネが浮上する。それは彼の留守中に起きた妻と従兄との不貞行為だった。「不義の子」から「妻を寝取られた男」へ。妻を許そうと思いながらも、気持ちが鎮まらない謙作。

気分転換に鳥取県の大山を訪れた謙作は、案内人とはなれてひとり感慨にふける。〈疲れ切ってはいるが、それが不思議な陶酔感となって彼に感ぜられた。彼は自分の精神も肉体も、今、この大きな自然の中に溶込んで行くのを感じた〉。

ここからラストまでは急転直下だ。下山した彼は大腸カタルで倒れ、京都から妻が駆けつけるのだ。自然との一体感を体験し、「私は今、実にいい気持なのだよ」と語る謙作。その穏やかな寝顔を見て、この人は助からないのではないかと感じる直子。〈そして、直子は、／「助かるにしろ、助からぬにしろ、とにかく、自分はこの人を離れず、何所までもこの人に随いて行くのだ」というような事を切に思いつづけた〉

妻の視点で語られた不自然なエンディング。「この人に随いて行く」と直子が考えるのは夫への贖罪か。それとも夫の願望か。むりやり和解に持ち込んでいるあたりがわざとらしい。

前篇の雑誌連載がスタートしたのが一九二一年。完結したのは一九三七年。構想から完成までに二十数年を要した作品。一部は志賀直哉の実体験に基づくが、フィクションがかなり混じっている。

●志賀直哉（しが・なおや　一八八三〜一九七一）主な作品は『城の崎にて』『和解』など。実父との確執とその後の和解が、主要作の大きなテーマの一つを構成する。佐藤春夫、菊池寛、芥川龍之介ら同時代の作家に崇敬され、多くの志賀直哉論が書かれた。「小説の神様」の異名をとる。

●出典…新潮文庫

年々にわが悲しみは深くして／いよよ華やぐいのちなりけり

『老妓抄』（一九三八年）岡本かの子

若い男を、囲うか、飼うか

岡本かの子とは、あの「芸術は爆発だ！」の岡本太郎のママである。歌人としての名声のほうが高かったが、晩年の小説にはゾクッとする佳編が多い。『老妓抄』は四九歳、死の直前に書かれた彼女の代表作。まず目をひくのは末尾に添えられた歌だろう。

〈年々にわが悲しみは深くして／いよよ華やぐいのちなりけり〉

有名な「いよよ華やぐ」の出典はここだったのだ。

作中で「老妓」と呼ばれる主人公の小そのは引退した芸妓。辛苦の末にそれなりの財産を築き、住まいを改装して芸者屋と切り離したり、養女をもらって女学校に通わせるなど、一〇年ほど前から健康的な生活を望むようになっていた。その小そのが、何を思ったか、柚木《ゆき》という若い電気技師を貸し屋に住まわせることになる。発明家を志す柚木のために工房を用意し、機械類も買い与えるという厚遇ぶり。柚木も最初は喜ぶが、怠け心は湧くし、小そのの真意は不明だし、そのうえ養女のみち子が小娘のくせに色目を使ってくるしで嫌気がさし、結局は逃げ出してしまう。だが、その後も逃げたり帰ったりを繰り返し……。

いったいこの二人の関係は何なのか。ありがちなのは擬似的な母と子だが、そういう感じではまったくない。小そのはいった。〈仕事であれ、男女の間柄であれ、混り気のない没頭した一途な姿を見たいと思う。／私はそういうものを身近に見て、素直に死にたいと思う〉。柚木は気づく。自分ができなかったことを彼女は柚木にさせたがっているのだと。

なんと男前な老妓！　が、くだんの小そのが詠んだ歌が「いよよ華やぐ」云々なのだ。年々募る悲しみと華やぎ。矛盾する語句から浮かびあがる老いの心境は複雑だ。「老いてます華やかに」なんていう単純なアンチエイジングの歌じゃないのである。

この感じは、そうだな『きみはペット』かな。母子でもなく、まして恋人同士でもなく若い男の子を「飼う」。ペットだから一方的に与える関係。ペットだから愛もある。成功した実業家が書生を置くのにも似ているが、ともあれ相当に甲斐性がなければできない芸当だ。

「いよよ華やぐ」は老女を描いた瀬戸内寂聴の小説の表題や、居酒屋チェーンの日本酒名にもなっている。『きみはペット』は小川彌生のマンガ作品。キャリア女性が年下の男子を飼う物語だ。

●岡本かの子（おかもと・かのこ　一八八九～一九三九）主な作品は『鶴は病みき』『母子叙情』『家霊』など。夫はマンガ家の岡本一平、子は芸術家の岡本太郎。夫婦間の対立から大乗仏教に辿りつき、仏教研究家としても名を上げる。小説に専念すると猛烈な勢いで名作を発表、高い評価を集めた。
●出典…新潮文庫

次第にサラサラと自分の身の周りに粉雪でも降り積んでくるような心地になった。

『火宅の人』（一九七五年）檀一雄

「事をおこしたからね」と宣言する夫

五人の子どもがいる作家が愛人の家に入りびたり、放蕩を繰り返す。それだけの物語のために執筆に費やした時間は二〇年。檀一雄『火宅の人』は自らの人生に取材した作品だ。

作家の「私」こと桂は数えで四五歳。最初の妻を失った後、戦争未亡人だった現在の妻・ヨリ子と結婚して一〇年になる。長男の一郎は亡き妻の子。次男の次郎は日本脳炎の後遺症で寝たきり。下の子どもたちはまだ幼い。

そんな「私」が二〇歳近く下の恵子に恋情を抱いた。

「僕は恵さんと事をおこしたからね、これだけは云っておく……」と報告、いや宣言する夫。「知っています」と答える妻。こわすぎる会話である。

ともあれ、こうして彼の二重、いや多重生活がはじまった。妻と子どもたちが暮らす石神井の家。恵子との密会用に借りた浅草のアパート、目白のワンルーム、麴町三番町のアパート。その間を行き来しつつ、半ば逃亡するように、彼は旅をし続けるのだ。亡き友・太宰治の故郷である青森へ。若き日をすごした九州へ。果ては米国へ、欧州へ！

いやいや、父になった無頼派は大変です。恵子との関係も悪化した終盤では、葉子という女性との九州旅行が彩りを添えたりするものの、結局、彼は恵子にも葉子にも捨てられるのだ。加えて気にかけていた次郎の死。ひとり神楽坂の安ホテルで、彼はわが身を振り返る。〈ここへ辿りついた私はもとより、家出人だ〉。〈アハハ、夏は終った。さよう、世の有様の、デパート即売式の規格人生は悉くかなぐり捨てた〉。とかいいつつ、この後も女の子にちょっかいを出したりするんだけど。ラストは一応神妙な独白だ。〈私は、ゴキブリの這い廻る部屋の中で、ウイスキーを飲み乾しながら、白い稲妻と一緒に酔い痴れの妄想を拡げているが、次第にサラサラと自分の身の周りに粉雪でも降り積んでくるような心地になった〉。

時に桂は五三歳。この静けさに至るまでの放浪の末、冬でもないのに粉雪が降る。本人はたいそうな苦労の末の虚無の心境だろうけれど、ま、達成感も込みの寂寥《せきりょう》感ですわね。

「火宅」とはもともと法華経を出典とする「娑婆」「現世」の意味の語らしいが、この作品の大ヒットにより「火宅」は一時期、不倫を意味する流行語となった。

●檀一雄（だん・かずお　一九一二〜一九七六）主な作品は『花筐』『リツ子・その愛』『真説石川五右衛門』、エッセイ集『檀流クッキング』など。少年期に母が若い学生と出奔したことが文学の原点に。二〇年にもわたり書き続けた『火宅の人』を発表した翌年に病没。
●出典…新潮文庫

ジョン・トマスは少しうなだれた姿で、しかし希望に満ちて、ジェイン夫人におやすみなさいを言っています

『チャタレイ夫人の恋人』（一九二八年）ロレンス

問題は性描写か、性道徳か

その昔、私も伏せ字入りの新潮文庫（一九六四年発行）を持っていた。ロレンス『チャタレイ夫人の恋人』。一九五〇年の邦訳後、日本では内容以上に作中の性描写をめぐるチャタレイ裁判で有名になってしまった作品である。英語圏でも物議をかもしたというが、一九九六年に出た完訳版を読んでも「どこが猥褻？」と思う人が多いだろう。

コンスタンス（コニー）は貴族のクリフォード・チャタレイと結婚したが、彼は第一次大戦で負傷、下半身不随となって帰ってきた。跡継ぎを得るために他の男と関係してもいいという夫にコニーは驚くが、やがてコニーは森番のメラーズと出会い、密会を重ねるようになっていく。際立つのは、性より階級の問題だ。不倫は許すといいながら、相手が労働者階級の男と知って激怒するクリフォード。妊娠したコニーは夫と離婚してメラーズと暮らしたいと望むが、メラーズにもじつは別居中の妻がいた。悲劇を予感させる八方塞がりの状況！

そもそもこの小説は〈現代は本質的に悲劇の時代である〉という一文からはじまるのだ。物語はしかし、予想に反して希望が見える結末を用意する。チャタレイ家を出たコニーと

森番を解雇されたメラーズは、別々の場所で再会できる日を待つのである。

殊勝にも〈いま僕は貞潔を愛しています〉とコニーへの手紙に書くメラーズ。しかし、〈ジョン・トマスは少しうなだれた姿で、しかし希望に満ちて、ジェイン夫人におやすみなさいを言っています〉っていう手紙の末尾はどういう意味?

じつはジョン・トマスは男性器を、ジェイン夫人（レディ・ジェイン）は女性器を指す隠語。作中でもコニーとメラーズがこの隠語を使って会話する場面がある。

もっとも、当局を刺激したのは性描写より性道徳だったかもしれない。男も女も、ここに出てくる人物はみな貞淑とは無縁なのだ。ピューリタニズムの仮面をかぶった上流階級の虚飾をはがす昼ドラ風の問題作。エッチは、いや愛は、階級を超えるのだ。


チャタレイ裁判とは、訳者の伊藤整と版元の社長が刑法のわいせつ物頒布罪で起訴され、表現の自由をめぐって争われた裁判。一九五七年、最高裁が上告を棄却して有罪が確定している。

●デイヴィッド・ハーバート・ロレンス（一八八五〜一九三〇）主な作品は『息子と恋人』『虹』など。イギリスの作家。炭坑労働者の父と元教師の母をもつ。母子間は倒錯的な愛情で結ばれた。ドイツ女性を妻にし、第一次大戦中はスパイ嫌疑を受けるも、戦後は欧州やメキシコに滞在した。
●出典…新潮文庫（伊藤整訳、伊藤礼補訳）

これこそ、おまえと私が共にしうる、唯一の永遠の命なのだ、我がロリータ。

『ロリータ』（一九五五年）ナボコフ

少女の成長、男の妄想

〈ロリータ、我が命の光、我が腰の炎。我が罪、我が魂。ロ・リー・タ。舌の先が口蓋を三歩下がって、三歩めにそっと歯を叩く。ロ。リー。タ〉

ナボコフ『ロリータ』の本文の書き出しである。ロリータ・コンプレックスの語源にもなったスキャンダラスな長編小説は、いま、二〇世紀の傑作のひとつに数えられている。

テキストは、殺人容疑で勾留中に死亡したハンバート・ハンバートなる人物が残した回想録の形をとる。ドロレス・ヘイズ（愛称ロリータ）という一二歳の少女に魂がしびれるような恋をしたハンバート。彼女は人間ではない、ニンフェット（小悪魔）なのだと思っちゃったハンバートは、ロリータの母と結婚することで、彼女の父という立場を手に入れた。しかも妻は不慮の死をとげ、二人は逃避行よろしく全米を車で旅することになる。

夢にまで見たロリータとの甘美な日々。だが、人間離れしていたはずのロリータは男を自ら誘惑し、彼が求めていたニンフェット像からどんどん離れていく。

ロリコンの、ここが哀しいところである。子どもはすぐに成長し、愛玩の対象ではなくなって、大人を逆に苦しめるのだ。ロリータが去った後、ハンバートは彼女の幻影を求めてひとり旅を続けるが、次に再会したとき、一七歳に成長したロリータは妊娠していた。物語的には悲劇だが、「読者のみなさん」「陪審員のみなさん」と呼びかけながらハンバートが開陳する中年男のあられもない感情は滑稽かつ自虐的で、笑いを誘われずにいられない。ラストでも妄想が炸裂する。〈いま私の頭の中にあるのは、絶滅したオーロクスや天使たち、色あせない絵具の秘法、預言的なソネット、そして芸術という避難所である。そしてこれこそ、おまえと私が共にしうる、唯一の永遠の命なのだ、我がロリータ〉。『源氏物語』や『不思議の国のアリス』にも刻印された嗜好性を、とことん煮詰めた奇書。少女にとってはサイテーのオヤジだが、手記だけあり、文学という病理の研究にはうってつけ。

ナボコフはロシア生まれの亡命作家。アメリカで出版を目論むも次々に断られたという、いわくつきの作品。最終的にはフランスで出版され、世界的なベストセラーになった。

●ウラジーミル・ナボコフ（一八九九～一九七七）主な作品は『賜物』『青白い炎』『アーダ』など。ロシアのサンクト・ペテルブルグ生まれ。ベルリン、パリでの亡命生活の後、アメリカに渡り英語でも執筆を続ける。多才な言語力と博識を誇るアメリカ文学異形の巨匠。
●出典…新潮文庫（若島正訳）

この夢は短いけれど、ハッピーエンドの夢なんですもの

『蜘蛛女のキス』（一九七六年）マヌエル・プイグ

これは友情？　それとも恋？

ホモ・エロティックな関係を描いたラテン・アメリカ文学の傑作。マヌエル・プイグ『蜘蛛女のキス』はほぼ全編、密室の中の会話だけで進行する小説だ。

未成年者の猥褻幇助罪で八年の懲役となった同性愛者のモリーナ（三七歳）と、政治活動を先導して検挙された革命を夢見るバレンティン（二六歳）が刑務所で同室になった（もっともそれが判明するのは第一部の終了間際、文庫本で二〇〇ページ以上後）。モリーナはバレンティンにかつて見たB級映画のストーリーを延々と語ってきかせ、それがこの小説のかなりの部分を占める。性格も素行も正反対の二人はときに反発しあいながらも徐々に距離を縮め、互いを理解しあうようになっていく。

が、モリーナは裏で、刑務所長から、仮釈放と引きかえにバレンティンの政治活動に関する情報を聞き出すようにとの指令を受けていた！　それでもモリーナはバレンティンを裏切れない。下剤（？）を仕込まれた食事で下痢に苦しむバレンティンと、それを母親か看護師のようにケアするモリーナに二人の関係は象徴的に表れている。

〈「だめだ、まだくらくらする、どうしようもない……」／「いいのよ、あたしがするわ、心配しないで。あなたは楽にしててちょうだい」／「すまない……」〉

あるいは二人がかわす、こんな映画っぽい会話。

〈「あんたは蜘蛛女さ、男を糸で絡め取る」／「まあ、素敵！　それ、気に入ったわ」〉

結末は悲劇的である。仮釈放になったモリーナは、バレンティンの頼みで彼の活動家仲間を訪ねるが、口封じのために発砲され、一方、バレンティンも拷問を受け、朦朧とする意識の中で恋人のマルタなのかモリーナなのかわからない相手と会話する。〈君を永久に失うんじゃないか〉と心配するバレンティンに妄想の中の相手は答える。〈だいじょうぶよ、バレンティン、そんなことにはならないわ、だって、この夢は短いけれど、ハッピーエンドの夢なんですもの〉。

友情と恋愛が渾然一体となった物語。ラストの一文はまるで映画についての評言のようだ。

日本語の「オネエ言葉」を生かした訳文もすばらしい。モリーナ役のウィリアム・ハートがアカデミー主演男優賞を受賞するなど、エクトル・バベンコ監督の映画も評価が高かった作品。

●マヌエル・プイグ（一九三二〜一九九〇）主な作品は『ブエノスアイレス事件』『天使の恥部』など。アルゼンチンの作家。映画監督の道に挫折し、小説家に転じて書いた『赤い唇』などが大ヒット。アメリカ、メキシコ、ブラジルで亡命生活を送り、エイズで没。

●出典…集英社文庫（野谷文昭訳）

死ぬまであなたを愛するだろう。

『愛人　ラマン』（一九八四年）マルグリット・デュラス

人種も階層も時間も超えた恋

〈十八歳でわたしは年老いた〉という、おそろしいフレーズ。ヌーボー・ロマンの書き手としても知られるマルグリット・デュラス『愛人　ラマン』は、作者の自伝的小説（しかも初体験の描写つき）として評判になった八〇年代のベストセラー小説だ。語り手の意識の流れをそのままたどったような文章から、特異な青春が浮かび上がる。

舞台は一九三〇年代の仏領インドシナ（現在のベトナム）。ヒロインはフランス人高校で学ぶ一五歳の少女である。ある日、彼女はメコン川の渡し船でひとりの青年に会う。華僑の富豪の息子である中国人青年だった。ほどなく彼は黒塗りの車で迎えに来た。

〈彼女は男に言う、あなたがあたしを愛していないほうがいいと思うわ。たとえあたしを愛していても、いつもいろんな女たちを相手にやっているようにしてほしいの〉

こうして二人はチャイナタウンの秘密の部屋で情事にふける「愛人」同士となるが、母は激怒し、娘を娼婦呼ばわりする。一方、男にも許嫁がいて、フランス娘と結婚したいという懇願は父に一蹴される。単純な恋愛小説といえないのは、男の愛情に彼女は応える気がないからだ。人種の差と貧富の差。宗主国の娘と現地人の青年の関係。少女の情事は自分を愛してくれない母へのあてつけでもあった。ただ、ラストシーンは美しい。

別れて十数年後、パリに戻って本を書きはじめた彼女に男から電話がかかってくる。〈ぼくだよ。女は声を聞いただけでわかった〉。彼のふるえる声は、中国訛りを取り戻す。〈男は女に言った、以前と同じように、自分はまだあなたを愛している、あなたを愛することをやめるなんて、けっして自分にはできないだろう、死ぬまであなたを愛するだろう〉。

卒倒しそうな殺し文句！　ここで小説はプッンと終わる。声の勝利というべきだろう（お互いの姿はむしろ幻滅のもとである）。あまりにも早く人生を知ってしまった少女と、狂おしいまでの愛に燃える青年。自信満々だったバブル期の女子がウットリしたのも道理かな。

オリエンタリズム（西洋の東洋に対する差別的な視線）を含んだ作品として読むこともできるが、エキゾチックな舞台とあいまって、ジャン＝ジャック・アノー監督の映画もヒットした。

●マルグリット・デュラス（一九一四〜一九九六）主な作品は『太平洋の防波堤』『モデラート・カンタービレ』『ヒロシマ私の恋人』など。フランスの作家。フランス領インドシナで生まれ育ち、一七歳でフランスに渡る。『愛人　ラマン』は原作、映画ともに大ヒット。戯曲や映画監督の仕事も数多い。
●出典：河出文庫（清水徹訳）

2 少年と少女の部屋

大人も真っ青。純真なだけでは
いられない未成年の物語。

この幕が再び上げられるかどうかは、ひとえに、この家庭劇「少女時代」の第一幕を、観衆がどう迎えるかによるのである。

『若草物語』（一八六八年）オールコット

じつは宗教的な「巡礼ごっこ」の物語

「プレゼントのないクリスマスなんて実際意味がないわ」。次女のジョーが口にする、そんなせりふから オールコット『若草物語』ははじまる。

ときは南北戦争（一八六一〜六五年）の只中。少々気位の高い一六歳の長女メグ、男の子みたいな一五歳の次女ジョー、引っ込みじあんな一三歳の三女ベス、こまっしゃくれた一二歳の四女エミイ。マーチ家の四姉妹が経験する一年間の出来事が物語のすべてである。

だがそれは、まことにせわしない一年だ。隣の屋敷のローリイと姉妹の出会い。その祖父ローレンス氏からベスに贈られたピアノ。舞踏会に出席したメグの後悔。戦地で病に倒れた父。父のもとに赴く母のために自分の髪を売ってお金をつくるジョー。母の留守中に猩紅熱で昏睡状態になるベス。いろいろありつつ、しかし最後はもちろんハッピーエンドだ。

ベスの病気が回復し、父母も戻って迎えた翌年のクリスマス。一家の幸せな光景を描いた後、語り手いわく。〈メグにジョーに、ベスとエミイとがこうして一団となったところで幕がおりた。／さて、この幕が再び上げられるかどうかは、ひとえに、この家庭劇「少女時代」の第一幕を、観衆がどう迎えるかによるのである〉。

読者に拍手を強要するようなエンディング！　好評だったら続編も書くからね、という作者のメッセージ（脅迫？）ともいえる。ただ、小説が舞台（第一幕）にたとえられている点に注目したい。さかのぼれば、物語は一七世紀のピューリタン文学『天路歴程』という本をガイドに一年かけて「巡礼ごっこ」をしようというメグの提案からはじまったのだった。「巡礼ごっこというのは、結局わたしたちが良い娘になろうとする努力の別名ですものね」と。姉妹が経験する幾多の試練も宗教的な「巡礼ごっこ」の一環だったわけである。

とはいえ日本の読者には作中の衣装や小道具こそ大きな関心事だった。父を戦地に追い出して進行する女子会ノリの物語。貧しいという設定のわりには十分ステキな暮らしに思えた印象はいまも変わらない。

原題は「Little Women」。本邦初訳は北田秋圃《しゅうほ》訳『小婦人』（一九〇六年）だが、『若草物語』という邦題をつけたのは吉屋信子（一九三四年）。続編も含めて愛読された。

●ルイーザ・メイ・オールコット（一八三二〜一八八八）主な作品は『花のおとぎ話』『続・若草物語』など。アメリカの作家。教師をしながら雑誌に投稿し、南北戦争では従軍看護師を務め、その体験記で世に認められた。後半生は女性参政権の主張者となり、コンコード初の投票権をもつ女性となった。

●出典…新潮文庫（松本恵子訳）

わたしにできるのは、ただもう天の神さまをほめたたえ、たくさんのお恵みにお礼を申しあげることだけだよ、ほんとに。

『ハイジ』（一八八一年）ヨハンナ・シュピリ

ペーターの悪意を神が変えた

アニメの原作としても知られるヨハンナ・シュピリ『ハイジ』は二部構成の長い物語である。

筋は紹介するまでもないだろう。美しい自然に囲まれたスイスのアルムでおじいさんと暮らすハイジは、病気がちなクララの遊び相手にと望まれ、フランクフルトにあるゼーゼマンさんの屋敷に移り住むが、ホームシックから夢遊病となり、再びアルムに戻ってくる。このへんまでが「ハイジの修業と遍歴の時代」と題された第一部で、「ハイジは学んだことを役立てる」と題された第二部ではアルムを訪れたクララが歩けるようになるまでが描かれる。前半で学んだことが、後半で生かされる。原作はたいへん啓蒙的なのだ。

老人が大きな役割をはたす物語である。ハイジの祖父であるアルムじいさん。ハイジに本を読んでもらうのを何よりの楽しみにしているペーターの盲目の祖母。そしてハイジに神への信仰を教えるクララの祖母。ラストの一文もペーターの祖母のせりふである。

「ハイジ、讃美歌をひとつ読んでおくれ！　わたしにできるのは、ただもう天の神さまをほめたたえ、たくさんのお恵みにお礼を申しあげることだけだよ、ほんとに。」

ここだけ読むと「神さん讃美でおしまいかい」という感じだが、そもそもハイジが神について学ぶことが目的の物語だから、そこはいたしかたないところ。

おおむね善人ばかりの世界で、物語に唯一陰影を与えるのは、山羊飼いの少年ペーターである。六歳年下のハイジに字を習うほど出来の悪いペーターは、ハイジを独占しているクラに嫉妬して車椅子を急斜面から突き落とすのだ。

アニメでは違った風に描かれていたように思うが、ペーターの悪意なくしてこの作品は成立しない。なんたって「神の采配は人知を超える」(大意)がこの本のテーマだからだ。ペーターの悪意を神はケガの功名に変えたのである。

教養のある都会人と田舎者が対照的に描かれていたり、金持ちから貧乏人への施しが完全な善と信じられていたりする点にはひっかかるけど、そこは一九世紀のお話ということで。


日本では『アルプスの少女』の邦題でも知られる作品。日本で製作されたアニメ(一九七四年)は世界中で人気を博すも、スイス本国では原作と異なるために未放映だそうだ。

●ヨハンナ・シュピリ(一八二七〜一九〇一)主な作品は『グリトリの子どもたち』シリーズや『ばらのレースリ』など。スイスの作家。田園地帯に育ち、チューリッヒでの生活の間に小説を書きはじめた。夫と息子を亡くした後、慈善活動に専念。
●出典…岩波少年文庫(上田真而子訳)

なにしろ、「代々のかたがた」もないし、伯爵もないんだから。

『小公子』（一八八六年）バーネット

大の大人を籠絡《ろうらく》するセドリック

「小さなフォントルロイ卿」という原題を一八九〇（明治二三）年に「小公子」と訳したのは若松賤子《しずこ》。バーネット『小公子』は、以来、明治大正昭和の子どもたち（あるいは女学生）に熱狂的に愛されてきた作品である。

父を亡くし、ニューヨークの下町で母と暮らすセドリックのもとに、イギリスから伯爵の代理人だという弁護士が訪ねてくる。三人の息子を次々失った伯爵にとって、三男の遺児セドリックが唯一の跡取りだというのである。七歳にして大西洋をわたり、爵位を継承するフォントルロイ卿になってしまったセドリック。天性の明るさと美貌に恵まれた少年は、悪徳地主だった祖父のドリンコート伯爵をたちまち虜にするが……。

いまとなっては古めかしい封建制下の夢物語。とはいえ、天真爛漫な少年が非情な老人を籠絡していくさまは落語もかくやの喜劇だし、お世継ぎ騒動が起こったり、イギリス人の老伯爵とアメリカ人の嫁（セドリックの母）が和解に至るくだりは歌舞伎もかくやの人情劇。少年の美質を育てたのは母の徳である、という展開は良妻賢母教育にも役だっただろう。

唯一腑に落ちないのが、雑貨屋のホッブスさんのせりふで終わるラストである。彼はアメリカ時代のセドリックの仲良しで、騒動の解決に一役買ったことから靴磨きのディックともども伯爵の城に招かれるが、領地内にしばらく住むうちに〈伯爵よりもっと貴族らしくなってしまいました〉というのである。いっしょにアメリカに帰ろうと誘うディックにホッブスはいう。〈あそこは、すむところじゃないよ。セドリックのそばにいたいし、あの国には足りないものがある。〈なにしろ、『代々のかたがた』もないし、伯爵もないんだから〉。「代々のかたがた」とは伯爵家の先祖代々を描いた肖像画のこと。大英帝国の歴史を誇りたい作者の策略か。しかし、イギリスも貴族も大嫌いだった愛国者ホッブスが宗旨替えするとは！　祖父ばかりか大の男の思想まで変えたセドリック。天使のような少年がふと悪魔に思えてきた。

若松賤子の日本語訳は「有ませんかつた」「ゐませんかつた」という、こなれていない「ですます体」が印象的。言文一致体の完成に先駆的な役割を果たした名訳として知られている。

●フランシス・イライザ・ホジソン・バーネット（一八四九〜一九二四）主な作品は『秘密の花園』『消えた王子』など。アメリカの作家。イギリスに生まれたが、幼くして父と死別、一六歳のとき一家でアメリカに移住。『小公子』が非常な人気を博し、日本でも広く知られている。
●出典…偕成社文庫（坂崎麻子訳）

セーラが(略)馬車に乗りこんで去っていくのを、アンはいつまでもただじっと見送っていた。

『小公女』(一九〇五年) バーネット

「あたしは公女」は上流の誇り

庶民からいきなり貴族になった『小公子』のセドリックとは逆に、『小公女』はお金持ちのお嬢さまが貧しい孤児に転落する物語である。

母を亡くし、インドで父のクルー大尉と暮らしていたセーラは、七歳でロンドンの寄宿制女学校に入った。ところが一一歳の誕生日に訪れた悲劇。ダイヤモンド鉱山の事業に失敗した父の破産と訃報だった。彼女は屋根裏部屋行きとなり、ひもじさに耐えながら日夜こき使われる身分となる。が、「あたしは公女さまよ」が信条のセーラはへこたれない。下働きのベッキーと自分を、彼女はフランス革命時の貴族になぞらえる。マリー・アントワネットだって毅然としていた。「わたしはバスティーユの囚人。ベッキーはとなりの独房の囚人なの」。

こういう大人びた子は、学院長のミス・ミンチンでなくても敬遠したくなるタイプかもね。自身の空腹もかえりみず、拾った硬貨で買ったパンを飢えた少女にあげたのも「この子だって、公女さまにとっては、人民たちの一人なんだわ」と考えたからだった。

ラストはこの少女との再会である。その後、亡き父の共同経営者でセーラを探していたカリスフォード氏と巡り会い、元の暮らしと巨万の富を手にしたセーラは、貧しい人にまたパンを与えたいと考える。パン屋ではあの少女アンが働いていた。「ほんとによかったわ」とセーラはいう。あなたなら子どもたちにパンを渡す仕事を喜んでやってくれるだろう。アンは「はい、お嬢さま」と答える。そして〈セーラがインドの紳士と連れ立って店を出ていき、馬車に乗りこんで去っていくのを、アンはいつまでもただじっと見送っていた〉。

「あたしは公女」というセーラの意識はただの空想ではなく、階級的なプライドと見るべきだろう。仕事を手に入れたアンも、セーラの侍女に納まったベッキーも労働者階級の娘。自らを貴族になぞらえ、上流の誇りを胸に苦境を乗り切ったセーラとは出自がちがうのだ。アンとセーラの境遇の差をあえて際立たせるエンディング。永遠の少女小説は意外とシビアなのである。

階級と同時に作品の底辺を支えるのは植民地収奪である。「インドの紳士」と呼ばれるカリスフォードはインドの鉱山開発で財を築く。セーラの幸福もその上にあるってことで。

●フランシス・イライザ・ホジソン・バーネット（一八四九～一九二四）プロフィールは59ページ参照。
●出典…岩波少年文庫（脇明子訳）

生涯にたった一人の女しか想わないだろうってさ

『愛の妖精』（一八四八年）ジョルジュ・サンド

◆不器量な野生の少女の大変身

『愛の妖精』はショパンの恋人だったジョルジュ・サンドの代表作だ。

舞台は一八世紀末のフランスの農村。シルヴィネとランドリーは仲のよい双子の兄弟で、特に兄のシルヴィネは、弟が別のだれかと親しくするのも嫌うほど弟を愛していた。

一方、やせて色黒でお転婆で口が悪い彼女は「ファデット」「こおろぎ」と呼ばれる野生児だった。原題の「小さいファデット」は「小さい妖精」「女の小鬼」くらいの意味。イメージとしては「小さな魔女」ですかね。その彼女が、後半みごとに変身するのである。

ランドリーと親しくなることで急激に美しくなるファデット。そんな彼女にますます夢中になるランドリー。おもしろくないのが兄のシルヴィネだ。病弱なシルヴィネは、二人の結婚話が進むにつれて不機嫌になり、とうとう病気になってしまう。

弟が好きすぎて、嫉妬のあまり寝込む兄。なんとも奇妙な三角関係だけれども、この関係の解消に尽力したのもファデットだった。「根性曲がりの意気地なし。あんたの病気がたいした病気じゃないことくらい、わかってるわ」。ファデットにズバリ指摘されたシルヴィネは泣いて謝り、やがてファデットを姉のように慕うようになる。

おとぎ話だったら、ここで「めでたしめでたし」となるところ。が、物語はその後、意外な結末を用意する。病弱だったシルヴィネが軍隊に志願し、あまつさえ大尉にまで出世するのだ。

ラストは兄弟の父母、バルボー夫妻の会話である。シルヴィネはなぜ兵隊などに志願したのかといぶかる父に母はいう。「ファデットの薬が効きすぎちまったんですよ」。「そうだとすると」と父はいう。あいつは一生嫁をもらわないだろう。「あいつはとても情の深い、のぼせやすい性だから、生涯にたった一人の女しか想わないだろうってさ」

今度は弟の妻が好きすぎて、家を出た兄。ってことは、結局ふつーの三角関係？　ファデット、なかなかのやり手である。それも含めての小悪魔か。昔は少女小説だと思ってたんだけどな。


後半はラブストーリー風だが、前半のファデットはワイルドで、ジェンダー規範を大きく逸脱している。ジョルジュ・サンドは男装の麗人として知られ、多くの男性と浮き名を流した。

●ジョルジュ・サンド（一八〇四～一八七六）主な作品は『アンディアナ』『マヨルカの冬』『魔の沼』など。フランスの作家。詩人のミュッセや音楽家のショパンら多くの男性と恋愛関係を持った。マルクスら政治思想家とも親交を結び、フェミニストの草分けでもあった。
●出典…岩波文庫（宮崎嶺雄訳）

おいらは、もう前にも、そんな目にあっているんだからな。

『ハックルベリ・フィンの冒険』（一八八五年）マーク・トウェイン

奴隷のジムとの逃亡劇の結末は……

『トム・ソーヤーの冒険』の続編として書かれたマーク・トウェイン『ハックルベリ・フィンの冒険』は、今日、前作以上に文学的価値の高い作品といわれている。

飲んだくれの父の虐待から逃れるため、監禁されていた小屋を抜け出した悪ガキのハック。自由を求めてミス・ワトソンの家から逃亡した黒人奴隷のジム。物語はこの二人がいかだでミシシッピ河を下り、いかがわしげな人々と巻き起こすさまざまな事件を描く。

奴隷解放宣言（一八六三年）が出る前のアメリカ合衆国中西部。奴隷の逃亡を助けることは禁じられていた。ジムとの友情を育む一方、自分は罪を犯しているのではないかと悩むハック。だが彼はジムを選ぶと決めるのだ。「よし、それなら、オレは地獄に行こう」。いいぞ、ハック、君はいい奴だ！　ところが終盤、一行にトム・ソーヤーが加わるや、物語は変な方向に転がっていくのである。遊び半分で妙な行動をしたがるトム。あげくトムは重大な秘密を明かす。ミス・ワトソンは二か月前に死に、ジムを自由にすると遺書に書き残していた。つまりハックとジムのこれまでの苦労は無駄だったのだ、と。

この展開は、後に議論を呼んだ。トムの登場で作品が台なしになったという人。この結末だから人種差別への告発になるのだという人。いつか三人でここを抜けだそうといい残し、養母ポリーの家に帰るトム。ラストでハックは宣言する。おいらは先に飛び出さなけりゃならねぇ。サリー叔母さんはおいらを養子にしようとしている。〈おいらには、それが我慢できねぇからだ。おいらは、もう前にも、そんな目にあっているんだからな〉。

かつて父親がいない間、ハックはミス・ワトソンの妹の家から学校に通っていた。養子になって学校に通うのなんか御免だというハック自立宣言である。が、最後に明かされる第二の秘密は、ジムが隠していたハックの父の死であった。天涯孤独になったハック。もう虐待される心配はない。でも……。天性の自由人に見える少年の本心はどこにある？

当時としては斬新な方言ベースの一人称で書かれた作品。書き出しは〈みんなは、おいらのことなんか、知らねぇだろう。『トム・ソーヤーの冒険』ってえ本を読んだことがなかったならな〉。

●マーク・トウェイン（一八三五～一九一〇）主な作品は『トム・ソーヤーの冒険』『王子と乞食』など。アメリカの作家。ミシシッピ河畔で過ごした少年期が作品に色濃く反映されている。ペンネームは蒸気船がこの水深までは安全に航行できることを表す船舶用語〝by the mark, twain〟に由来する。
●出典…角川文庫（大久保博訳）

村人たちが、特別の許可を得てこの二者を一つの墓におさめて相並んで眠るようにしたからである——永久に！

『フランダースの犬』（一八七二年）ウィーダ

●芸術にかぶれた少年の悲劇

少年ネロと犬のパトラシエが、教会に飾られたルーベンスの絵の前で死ぬ。有名な『フランダースの犬』のラストシーンだ。絵本やアニメで日本人の紅涙をしぼったこの作品はしかし、欧米では無名。物語の舞台となったベルギーではむしろ不評らしい。

ウィーダによる原作を読めば、それも納得。奴隷同然にこき使われ、死ぬ直前に捨てられて、通りかかった老人に助けられたパトラシエ。孫のネロとパトラシエは大の親友となり、祖父に代わってアントワープの町に牛乳を運ぶ仕事を続けていた。ところが、極貧の中で祖父は死に、家の立ち退きを命じられた少年と犬も飢えと寒さで命を落とすのだ。この地方のイメージは虐待する、人には冷たい、絵を見せるのにも高い観覧料をとる。この地方のイメージはもうさんざんだ。

さらに小学生くらいかと思っていたネロは一五歳の少年で、絵の力で成功してやると夢想したあげく、コンクールに出した絵が落選したことで絶望の淵に沈むのだ。

「いっさい終わってしまったんだ、パトラシエ。いっさいが終わったのだ」

若いのに夢を早々とあきらめて自殺に近い死を選んだネロもネロ。愚かすぎて、もうひとりのルーベンスを世に出す機会を失った村の住人も住人。かくて物語は「時すでに遅し」のニュアンスを強く打ち出して閉じられる。悪役だった金持ちの旦那が改心してネロを娘の婿にと望んだのも、有名な画家がネロの画才に驚くのも、すべて終わった後だった。〈生涯ふたりはいっしょにすごし、死んだ後もはなれなかった〉とテキストは記す。なぜならば〈後悔し恥じいった村人たちが、特別の許可を得てこの二者を一つの墓におさめて相並んで眠るようにしたからである――永久に！〉

ネロの死は村の人々へのあてつけのようにも思える。少年と犬は同じ一五歳。芸術にかぶれた少年を案じつつ、言葉を話せぬ老犬は助言をしてやれなかった。それが最大の悲劇かもしれない。

ベルギーに対するイギリス人作家の偏見が含まれているとの説もある小説。アントワープのノートルダム大聖堂には、ネロが憧れたルーベンスの聖画が今もある。

●ウィーダ（一八三九～一九〇八）主な作品は『二つの旗の下に』『銀色のキリスト』など。イギリスの作家。二〇歳の頃から小説を執筆しはじめ、社交界を舞台とするメロドラマ風の小説で人気を博した。三〇代後半からはイタリアに定住し、旺盛な執筆活動を続けたが、晩年は経済的にも困窮し、不遇だった。
●出典…新潮文庫（村岡花子訳）

「おまえは、ぼくのラッシー＝カム＝ホームだよ」

『名犬ラッシー』（一九四〇年）エリック・ナイト

●一〇〇〇マイルを旅した犬

『フランダースの犬』のパトラシエが死ぬまで働き続けた労働者犬なら、ラッシー（スコットランド方言でお嬢さんの意味）は才色兼備で誇り高いお嬢様犬。

ナイト『名犬ラッシー』は、そのお嬢様犬が、スコットランドからヨークシャー州まで直線距離で四〇〇マイル（約六五〇キロ）、道に迷ったり迂回したりを入れれば一〇〇〇マイル（約一六〇〇キロ）もの長旅をする、一風変わったロードノベルだ。

ラッシーはヨークシャー州の炭鉱で働くキャラクロー家の犬だったが、炭鉱の閉山で父親のサムが失業。犬を飼う余裕はなくなり、犬好きの老公爵に高額で売られた。しかし毎日四時五分前に息子のジョーを校門まで迎えに行く習慣があったラッシーは、何度も公爵家の犬舎を抜けだし、ジョーを迎えにいってしまう。ドッグショーの準備でスコットランドに連れて行かれたラッシーは、やはり定時に無意識の衝動にかられ、南をめざして旅立つのだ。

犬と少年の友情をベースにした、単純といえば単純なストーリー。とはいえ、擬人化せずに誇り高いラッシーの冒険を描いてみせるあたり、さすがは犬飼育の先進国イギリスの物語といえる。ヨークシャー州は炭鉱で栄えた土地であると同時に犬のブリーディングに秀でた地域で、貧しい炭鉱労働者が貴族のような犬を連れ歩いていたりもするのだ。

みすぼらしい姿で帰還したラッシーを見事に再生させたサム。その功績を認められ、彼が公爵家の犬舎係に採用されるところで物語は幕を閉じる。

「おまえは、うちに帰ってきてくれた犬だよね、ラッシー。おまえは、ぼくたちに幸運をもってきてくれたんだ」と語るジョー。「おまえは、ぼくのラッシー＝カム＝ホームだよ」。

帰還後のラッシーが七匹の子犬を産むのは唐突だけど、お嬢様犬なのにいつどこで⁉と考えるのは早とちり。サムは優秀なブリーダー。子犬を産むのも優れたメス犬の使命なのだ。そう思うと犬がもたらす幸運にも実利的な意味が加わる。忠犬ハチ公の物語とは一味ちがうのだね。

ラストのフレーズ「帰ってきたラッシー」がこの小説の原題。ラッシーといえばコリーの別名というほど、有名になった犬。別のエピソードを追加してドラマやアニメにもなった。

●エリック・ナイト（一八九七〜一九四三）主な作品は『きみの角笛の歌』など。アメリカの作家。イギリス生まれで一五歳のときにアメリカに移住。故郷のヨークシャー州を舞台にした作品を描いた。飛行機事故で亡くなる。
●出典…講談社青い鳥文庫（飯島淳秀訳）

今日は、日記を書くのはもうやめよう。

『次郎物語』（一九五四年）下村湖人

母への思慕を断ち切れず

第一部の出版は太平洋戦争がはじまった一九四一年。一三年後の五四年まで書き続けられた。下村湖人『次郎物語』はじつに五部構成（文庫本で三冊）の長編小説である。

主人公の本田次郎は生まれてすぐ里子に出され、幼少時を乳母のお浜一家のもとで育った。家に戻った後も兄や弟となじめず、母のお民は次郎に厳しい。経済的に困窮した一家は土地と家を売って酒屋を開くが、次郎は母の実家にあずけられ、やがて次郎に辛くあたったことを詫びて母が病没。ここまでが第一部で、この後に続くのは、父の再婚、受験の失敗、浪人して入った中学での出会い……。ひとりの少年が成長し、社会性に目覚める過程を描いた教養小説（ビルドゥングスロマン）ってやつである。ただし、次郎が特異なのは幼少時に里子に出された経験が人格形成に大きな影響を与えていることで、傍目には父にも乳母にも祖父にも十分愛されているのに、次郎は「愛されたい」という願望から逃れられない。

中学で出会った尊敬する朝倉先生が五・一五事件を批判して学校を追われ、次郎も続いて退学するところまでが第四部。第五部に入ると、次郎は東京の郊外で私塾を開いた朝倉先生の助手をしながら私立中学に通っている。次郎は郷里の道江に恋している。でも道江は次郎の兄の恭一が好き。しかし、おっと三角関係か、という期待を裏切り、小説は次郎のグダグダな日記で唐突に終わるのだ。〈里子！　何という大きな力だろう〉と書く次郎。〈ぼくは、あるいは疲れすぎているのかもしれない。今日は、日記を書くのはもうやめよう〉。こ、ここで投げ出すのかい……。漱石から武者小路まで、近代の青春文学のエッセンスを詰め込みながらもどこか道徳臭が漂うのは、教育者だった作者・下村湖人の視点のせいかもしれない。ときは二・二六事件の頃。第五部の中心はファシズムに向かう時代に抵抗する私塾の物語である。この期に及んでまだ里子にこだわり、恋愛への一歩を踏み出せない次郎。厳しすぎる母の教育はかくも強いトラウマを残すという警告か。日記を投げ出したのは次郎？　それとも作者？

作者の自伝的事実を反映した小説ともいわれ、一時期の青少年に強い影響を与えた。この後、第六部、第七部と続く構想もあったようだが、作者は一九五五年に死去。未完の大作となった。

●下村湖人（しもむら・こじん　一八八四〜一九五五）主な作品は『論語物語』『若き建設者』、評論『煙仲間』など。生後すぐ里子に出されるが四歳で実家に戻る。教育者としても活躍した後、文筆活動へ。太平洋戦争末期の次郎を扱う『次郎物語』第六部の執筆前に没。
●出典…新潮文庫

行助《ぎょうすけ》は、来年の春、俺はまたここに還ってこれるだろうか、と思った。

『冬の旅』（一九六九年）立原正秋

兄を刺して少年院に送致された弟

立原正秋『冬の旅』は読売新聞の連載からベストセラーとなった長編小説だ。

物語は主人公の宇野行助が少年院に送られる場面からはじまる。実父と死別し、九歳のときに母が再婚した行助。一六歳になった行助は、ある日、義兄の修一郎が母をレイプしかけた現場に居合わせ、義兄の太ももを包丁で刺したと誤解されてしまう。

少年事件に取材した問題作。旧約聖書のカインとアベルを彷彿させる物語でもある。だが、ここでの悲劇は、高潔な弟が加害者、卑劣な兄が被害者にされてしまったことだろう。

三年後、二度目の悲劇が起こる。家族三人の殺害を企てた修一郎を、行助は今度こそ刺してしまうのだ。一九歳の行助が二度目の少年院送りとなる一方、修一郎に下ったのは執行猶予つきの判決だった。

読者は懸命に生きる行助とその少年院仲間に味方し、ドラ息子の修一郎を憎まずにいられないだろう。弟には幸を！　兄には鉄槌を！　と。

そんな読者に、この結末は納得しがたかったのではないか。出院を目前にした行助を突然おそう高熱と全身の痙攣《けいれん》。朦朧とした意識のなかで、彼は数千のカモメの羽音を聞く。〈ああ、鷗が南下してきた！　俺は、おまえ達の来るのをどんなに待っていたことだろう……〉。そして〈行助は、来年の春、俺はまたここに還ってこれるだろうか、と思った〉。

カモメとは行助が三日前に友の死を悼《いた》んで書いた詩に由来する。〈おまえのたましいは／北の国に還り／いま俺に見えるのは／冬の海だけだ。／その海に鷗の姿は見えない〉。カモメが迎えに来たってことは……まさか行助にも死が？　しかもその原因が破傷風⁉

悲恋の物語を得意としてきた作家である。『冬の旅』でも読者の紅涙をしぼりたかったのかもしれない。とはいえ主人公の死を匂わせるこの結末で際立つのは父・理一の悲劇である。優秀な義理の息子を自社の跡取りにと願い、実の息子を疎んじた父。一生の十字架を背負わされた一家。これで行助の復讐成就？　と思うと人格者すぎる主人公の別の顔が見えてくる。

少年院の生活を子細に描いたことでも話題になった小説。二度ドラマ化もされており、一九七〇年版ではあおい輝彦（これが初の主演作品）が行助を、田村正和が修一郎を演じている。

●立原正秋（たちはら・まさあき　一九二六〜一九八〇）主な作品は『剣ヶ崎』『夢は枯野を』など。韓国慶尚北道生まれ。職を転々としながら小説を書きため、『白い罌粟』で直木賞受賞。民族的ルーツ、中世美への愛着など独自の素材を乾いた文体で描き、広く読者を獲得した。

●出典…新潮文庫

「へそをなでています」

『ああ玉杯に花うけて』（一九二八年）佐藤紅緑

貧乏だって出世はできる

「ああ玉杯に花うけて」とは旧制第一高校の寮歌の歌い出し。佐藤紅緑『ああ玉杯に花うけて』は五〇歳をすぎた佐藤紅緑が編集者の説得ではじめて書いた少年小説だ。

主人公の青木千三《せんぞう》は一五歳。身体が小さく「チビ公」と呼ばれている。幼い頃に父を亡くし、いまは母と二人、豆腐屋を営む伯父夫妻の家に身を寄せている。成績優秀なのに家が貧しく進学をあきらめた彼は、中学で学ぶ少年たちが羨ましくて仕方がない。

旧制中学への進学率が一〇％以下だった時代。浦和（現さいたま市）を舞台にした少年たちのドラマは、貧富の差、恵まれた者とそうでない者の差を残酷なまでにあぶり出す。とはいえそこは少年小説。スーパーマン的優等生の柳《やなぎ》光一。助役の息子で、千三が売り歩く豆腐を強奪するジャイアン級に乱暴な阪井巌《いわお》。医者の息子で、スネ夫よろしくずる賢く立ち回る手塚……。これが戦後だったら絶対マンガになっただろうな。

豆腐屋を手伝いながら、黙々《もくもく》先生なる人物が開く私塾に夜だけ通いはじめた千三は、そこで塾ＯＢの安場《やすば》五郎に出会う。貧しい境遇から自力で一高に進学した安場は、黙々先生の教えを千三に伝えるのだ。強くなりたければ臍下丹田《せいかたんでん》に力を入れろ。先生は「へそをなでろ」といっていた、と。

かくしてラスト。物語は唐突に打ち切られ、少年たちの後日談を記すのだ。千三も光一も、後に改心した巌も一高に進学した。安場の消息を知りたければ、黙々先生を訪ねなさい。安場はロンドンの日本大使館にいると教えてくれるだろう。ロンドンでは何を？〈先生は多分こう答えるでしょう。／「へそをなでています」〉

ときは日米英が軍縮をめぐってモメていた頃。若き外交官となった安場もそりゃあ悩んでいただろう。物語の根底に流れているのは、勉学に励んで貧しさから抜け出せという明治以来の立身出世主義である。勉学に励めば未来は開けるというメッセージ。未来のすべてが一高に集約されている点がナンですけど。

〈読者諸君！　少年時代に一番つつしまねばならぬのは娯楽である〉といった叱咤激励も満載。『少年倶楽部』でこの小説の連載がはじまるや、紅緑は一躍少年にも人気の作家となった。

●佐藤紅緑（さとう・こうろく　一八七四～一九四九）主な作品は『行火』『虎公』『英雄行進曲』など。新聞記者をしながら正岡子規に学び、俳人として認められる。その後は劇作、さらに小説執筆に軸足を移し、また本作を契機に少年少女小説も人気を博す。
●出典：講談社文芸文庫

その匂いこそ、（略）明るく、清く、しめやかに、懐かしく牧子の心に浸み入ったのである——。

『わすれなぐさ』（一九三二年）吉屋信子

●不良なお嬢様が大暴走

佐藤紅緑が戦前の少年雑誌のスターなら、吉屋信子は少女たちに熱狂的に愛された作家だった。『わすれなぐさ』を読めばなぜかがわかる。舞台は東京の女学校。三年A級《クラス》に属する三人の少女が登場する。相庭陽子はオシャレで派手でわがままな「軟派の女王」。父は羽振りのいい実業家である。佐伯一枝《かずえ》は勉強一筋、ロボットのあだ名をもつ「硬派の大将」。軍人だった父を亡くし、妹の面倒もよくみる模範生だ。個性的な二人の同級生に対し、やや存在感が薄いのが弓削《ゆげ》牧子。知的な個人主義者だが、無口で風変わり。父は石頭の理学博士で母は病気がち。

この設定、NHKの朝ドラ『おひさま』（脚本・岡田惠和／二〇一一年）に似ていない？

そう、まさにあんな感じ。だけど、パワーはこっちが百倍上だ。

ことにスゴいのは、とても昭和戦前期の女学生とは思えない、少女マンガの登場人物みたいな相庭陽子のキャラクターで、このわがままなお嬢は、香水はつけるわ、夏の臨海学校でムチャクチャやるわ、母を亡くして意気消沈する牧子を横浜にひっぱり出して豪遊するわ、マジメな牧子をさんざん翻弄するのである。陽子の誘惑に逆らえない牧子はしかし、一方では一枝のことも気になっていて……。気がつけば、おっとこれは三角関係か⁉

しかし、作者は女同士の対立を放置しない。ラストは一度絶縁した後、病気になった陽子を牧子が見舞う場面だ。「早くお丈夫になって頂戴、そして私達三人で仲よしになって——」。陽子の髪から匂うわすれなぐさの香水。牧子にとって、それは悪徳の匂い。だがテキストは「否」という言葉をはさむ。〈否、その匂いこそ、これからの三人の少女の結び合う友情のあかしの如く、明るく、清く、しめやかに、懐かしく牧子の心に浸み入ったのである——〉。

悪役スターだった陽子の位置づけが、最後の一文でみごとに反転する。おそるべし、香水の力。ちなみにわすれなぐさの花言葉のひとつは「真実の友情」。花の香りの香水が、友情のあかしとして立ちのぼっちゃうんだもん。少女小説ならではですよね。

『少女の友』に連載されて人気を博した作品。当時の女学生の熱狂ぶりを知るには、自身も吉屋信子の熱烈なファンだったという田辺聖子『ゆめはるか吉屋信子』がおすすめだ。

●吉屋信子（よしや・のぶこ　一八九六〜一九七三）主な作品は『鬼火』『徳川の夫人たち』など。栃木高女在学中から少女雑誌に投稿をはじめ、『花物語』を『少女画報』に連載する一方で、『地の果まで』が『大阪朝日新聞』の懸賞作に選ばれて文壇デビュー。家庭小説の書き手として女性読者から高い支持を得た。
●出典…河出文庫

始めて吻《ほっ》とした、穏かな微笑《わら》いで、あった。

『甘い蜜の部屋』（一九七五年）森茉莉

うつけ者の父と娘の甘美な関係

主人公は牟礼《むれ》藻羅。藻羅と書いてモイラと読む。もうそれだけでクラッ。森茉莉『甘い蜜の部屋』は作者七二歳のときの、耽美的とも官能的とも称される長編小説だ。

母はすでに亡く、父は裕福な貿易商。瀟洒《しょうしゃ》な洋館に住み、舶来の洋服に身を包み、人力車で学校に通うモイラは、天使のような美貌と無意識の媚態と百合の香気を放つ肌の持ち主で、男たちを次々に籠絡しては破滅に追いこむ。五〇代のフランス人ピアノ教師アレキサンドゥルが理性を失いかけて退散するのは彼女が一一歳のとき。外房の別荘で知り合ったロシア人の元医学生ピータアと関係を持つのは一五歳のとき。倍近く歳の離れた天上守安《あまがみマリウス》と結婚するのは一六歳のときである。しかしモイラはいつも不機嫌。彼女が唯一慕うのは父の林作だけだった！

肉体の魅力だけで生きる娘も娘なら、娘を溺愛する父も父。恋人同士みたいな父娘に、作者と父の森鷗外との関係が投影されているとはいえるだろう。「甘い蜜の部屋」とは父と娘の濃密な関係のことなのだ。ただ、巷間伝えられるほど、この小説は「蜜の部屋」に溺れてはいない。階層の異なる召使いたちの批評的な眼差しが、モイラの上には常に注がれているからだ。ことにモイラに仕えるやよの存在は大きい。

物語の最後で夫の天上が自殺。モイラは父の家に戻るのだが、娘を取り戻した喜びに浸りつつも林作はいうのである。「このやよというのが一番の被害者」だと。

そしてラストの一文。

〈始めて吻とした、穏かな微笑いで、あった〉

モイラを愛した男が犠牲になるたびに不敵な笑いを浮かべてきた父が、はじめて見せた父親としての余裕の「微笑い」。永遠の少女といわれる森茉莉だけど、晩年の彼女は父との関係を客観化できていたのではないか。〈辻堂の田舎の娘として育ったやよには、女に迷う男はうつけ者であるという認識がある〉という批評的な視点は作者にも共有されている。執筆に九年を費やした大作。究極のファザコン小説の冷静な一面が末尾に垣間見える。


書き出しは〈藻羅という女には不思議な、心の中の部屋がある〉。三島由紀夫が「官能的傑作」として絶賛したことでも知られ、森茉莉はこの作品で第三回泉鏡花文学賞を受賞した。

●森茉莉（もり・まり　一九〇三～一九八七）主な作品は『恋人たちの森』『枯葉の寝床』、随筆『父の帽子』など。森鷗外の長女。二度の結婚・離婚を経て、室生犀星に師事。五〇歳を過ぎてから文壇に登場し、艶美で幻想的な世界を構築した。
●出典…ちくま文庫

ぼくが彼女に与えたのは、それだけ……ただそれだけだった……

『青い麦』（一九二三年）コレット

ひと夏の体験は苦かった

コレットはかつて、サガンと並ぶ女子高生のアイドル作家だった。一五歳の少女と一六歳の少年の淡い恋を描いた『青い麦』なんてドキドキだったよ……と思っていたのだが、読み返してみると、ん？ 単純に「淡い恋」ともいえない感じだな。

ヴァンカとフィルは夏休みをブルターニュの海辺の別荘ですごす幼なじみ同士。しかし、ヴァンカが一五歳、フィルが一六歳になった今年は、お互いを意識して以前のように無邪気になりきれない。そこに現れた年上のダルレイ夫人。「ねえ、坊や」と話しかける夫人にフィルはふらふらと誘われて……。ひと夏の体験、の物語である。

フィルの場合はしかし、ヴァンカに知られたのがまずかった。嫉妬にかられ、彼をなじったあげくヴァンカはいう。「わたしにこそあんたは求めるべきだったのよ……」。

ひと夏で二人も！ それは調子よすぎるべ、と大人になった私は思うが、思索的なこの少年は自らに訪れた空前のモテ期を歓迎するどころか、深く沈みこむのである。手荒なふるまいに出たことで、恋人を傷つけたのではないかと思い悩むフィル。ところがヴァンカとの一夜が明けた後、彼が朝の窓辺で目にしたのは、鼻歌を歌うヴァンカの姿だった。

彼女に何のショックも与えなかったぼく。かくして小説は失望と自戒の言葉で幕を閉じる。〈ぼくは英雄でもないし、死刑執行人でもない……ちょっとばかりの苦痛と、ちょっとばかりの快感……ぼくが彼女に与えたのは、それだけ……ただそれだけだった……〉。

さあ、これは意味深だ。ダルレイ夫人はフィルを利用しただけだった。しかし、もしかしたら（ヴァージンを捨てたかった）ヴァンカにも利用されただけ？

一歩まちがえばソフトポルノにもなりかねぬ事態を、小説はあくまで詩的な言葉でつづっていく。樋口一葉『たけくらべ』なども連想させつつ、性がからむあたりがおフランス。青少年は自分の力を過信しがちだからね。でも、いいじゃん、二度もいい思いをしたんだから。

人妻と若い男の疑似恋愛というフランス文学の伝統も織り込んだ青春小説。フィルのように罪悪感に悩む少年は実際には少ないような気がするが、それが女性読者に愛読された原因かも。

●シドニー＝ガブリエル・コレット（一八七三〜一九五四）主な作品は『シェリの最後』『ジジ』など。フランスの作家。最初の夫の名義で『学校のクローディーヌ』を発表し好評を博す。離婚後はホールのダンサーをしながら小説執筆を続け、『シェリ』で文壇的地位を確立。第一次世界大戦では従軍記者としても活躍した。

●出典…集英社文庫（手塚伸一訳）

話せば、話に出てきた連中が現に身辺にいないのが、物足りなくなって来るんだから。

『ライ麦畑でつかまえて』（一九五一年）サリンジャー

現実の出来事か、全部妄想だったのか

サリンジャー『ライ麦畑でつかまえて』を読んでると、文体までうつっちまうんだな。当時の若者言葉をまんま訳した野崎孝の訳（一九六四年）のせいだと思うんだけどさ。

学校を追い出された一六歳のホールデン少年が街を彷徨《さまよ》う三日間、っていうのがお話のほぼすべてなんだけどね。酒は飲む、煙草は吸う、女の子は買う（やることやらずに彼は彼女を帰しちゃうんだけど）。不良ぶってるけど、痛々しいほどの背伸びっぷりだ。

もっとも〈こんな西部の町なんかに来て静養しなきゃならなくなった〉って本人が最初に明かしているように、『ライ麦畑』はホールデン少年が病院で自分のことを語った話なんだ。で、病院ってのはどうも精神科らしいんだな。最終章で彼は〈大勢の人に話したのを、後悔してるんだ〉なんて告白してる。〈おかしなもんさ。誰にもなんにも話さないほうがいいぜ。話せば、話に出てきた連中が現に身辺にいないのが、物足りなくなって来るんだから〉。

ここで小説は終わるんだ。どう考えるかだよね、これを。

まずホールデン少年はほんとに心を病んでたのか。それとも学校という社会に適応できな

い少年を、大人たちがむりやり病院に入れたのか。でさ、もし彼がほんとに病気だったとしたらだよ。彼が語った三日間の物語が、実際にあったことなのか、妄想なのかもわからなくなってくる。彼が正気だとしたって、嘘かもわかんないんだしね。

答えは曖昧模糊としている。だけど、ここは妄想説をとりたいな。

途中、妹のフィービーと会話をしてて、好きなものを問われた彼は〈今みたいなのが好きだ〉と答える。するとフィービーはいうんだよ。〈そんなの、実際のものじゃないじゃない！〉彼はいいはる。〈いや、実際のものだとも！　実際のものにきまってる！〉（傍点原文ママ）

全部彼の妄想だったと考えてラストを読み直すと、彼の孤独の深さが身にしみない？

「永遠の青春小説」とはいうけどさ、謎めいた作家に謎めいた小説だよね。

村上春樹の新訳『キャッチャー・イン・ザ・ライ』（二〇〇三年）も話題になった作品。サリンジャーは二〇一〇年に死去したが、晩年まで隠遁生活を送り、私生活は謎に包まれていた。

●ジェローム・デイヴィッド・サリンジャー（一九一九～二〇一〇）主な作品は『ナイン・ストーリーズ』『フラニーとズーイ』『大工よ、屋根の梁を高く上げよ／シーモア――序章』など。アメリカの作家。第二次世界大戦に従軍した後、『ライ麦畑でつかまえて』を発表して一躍脚光を浴びる。一九六五年以後は作品を発表せず、沈黙を守った。

●出典…白水Uブックス（野崎孝訳）

自由というのは、もはや、不自由の反対語ではないのです。

『家出のすすめ』（一九六三年）寺山修司

●少年少女に上京を煽《あお》った青春のバイブル

かつての青少年は、早く家を出たいと願っていた。だから寺山修司『家出のすすめ』（親本の書名は『現代の青春論』）なんか読んじゃった日には大変だった。家を出ようと決心し、半日ですごすご家に舞い戻った高校生あり。うっかり家を出て、気がつけば何十年という中高年あり。六〇～七〇年代には青春のバイブルだったのだ。

本書が放つメッセージはしかし、いまなお刺激的である。〈あなたの家のなかへ、こころの姥捨山をつくることをはじめてください〉〈地方の若者たちはすべて家出すべきです〉と若者たちをけしかける。〈家を出て、お金がなきゃ、売春婦になったっていいじゃないか〉という表現で『人形の家』のノラの行動を肯定する。家出をはばむ人々を〈あなたたちは、何もわかっちゃいないんだ〉とどやしつけ、〈幸福な家庭であるからこそ、それを超克しなければならないのです〉と挑発する。事実、高度成長期、人々はこうして農村から都会へ出ていったのである。

ときは流れ、いまや「娘や息子が家を出ていきたがらない」と親が嘆く時代になった。この本が糾弾してやまない制度としての「家」の呪縛も希薄になった。『書を捨てよ、町へ出よう』（一九六七年）と煽られても「その前に捨てる書がないじゃん」な始末である。

それでも若い人をカブレさせる極論こそが本書の魅力。「悪徳のすすめ」「反俗のすすめ」に次ぐ最終章「自立のすすめ」で寺山は自由の意味を説く。「××からの自由（脱出）」なんていうのは原点に戻るだけで、自由のうちに入らない、と。

〈たしかなことは自分の未来が自分の肉体の中にしかない、ということであり、世界史は自分の血管を潜り抜けるときにはじめてはっきりとした意味を持つものだ、ということです。／自由というのは、もはや、不自由の反対語ではないのです〉

このとき寺山修司二七歳。青森から上京した自分自身へのアジテーションのようにも見える。嚙めば嚙むほど味が出る「家出のするめ」みたいな本です、いまも。

『書を捨てよ、町へ出よう』と並んでヒットしたエッセイ集。「家出のするめ」は寺山修司記念館（青森県三沢市）のお土産で、包装はかつての角川文庫の表紙と同じ林静一のイラストだ。

●寺山修司（てらやま・しゅうじ　一九三五〜一九八三）主な作品は歌集『血と麦』、演劇『奴婢訓』、映画『田園に死す』など。十代から歌人として早熟な才能を発揮。劇団「天井桟敷」を主宰。演劇や映画、小説、評論でも旺盛に作品を発表。肝硬変のため四七歳で死去。

●出典…角川文庫

3 おとぎ話の迷宮

知ってたつもりの名作童話も、
大人の目で見直せば……。

二人の姉も宮殿に住むようにはからい、それから自分と同じ日に、宮廷の立派な貴族二人と結婚させてあげたのです。

『サンドリヨン』(一六九七年) シャルル・ペロー

復讐しないシンデレラ

私たちが知っているおとぎ話の結末は意外に曖昧である。たとえば『赤ずきん』にはペローのバージョンとグリム兄弟のバージョンがあり、両者の結末は大きく異なる。猟師がオオカミの腹を割き、赤ずきんとおばあさんを助け出すのはグリム版。ペロー版は赤ずきんがオオカミに食べられたところで終わってしまう。

ペロー版では『サンドリヨン』(一六九七年)。グリム版では『灰かぶり』(一八一二年)。英語読みでは『シンデレラ』の表題で知られる物語はどうだろう。

仙女(妖精)が魔法の力でカボチャを馬車に、野ネズミを御者の姿に変え、シンデレラ(灰かぶり)を美しく変身させて舞踏会に送りだすのはペロー版。グリム版に仙女は出てこず、シンデレラは鳩の指示で衣装をもらって舞踏会に行く。物語の序中盤はペロー版のほうがはるかに親しまれている。だが結末は? 片方だけ残されたガラスの靴(グリム版では金の靴)を頼りに王子がシンデレラを探しあて、妃に迎える。対照的なのはその前後だ。

グリム版では二人の姉が、母に渡された包丁でつま先やかかとを切り落として靴をはく。

「血が靴にたまってる。靴が小さすぎるのさ」と騒ぐ鳩。しかも鳩は姉たちの目玉までつつき出してしまう。どこまでもスプラッターなグリム版。

ところがペロー版は、まるで逆。〈サンドリヨンは、美しいのと同じくらいに、気だてのよい娘でしたから、二人の姉も宮殿に住むようにはからい、それから自分と同じ日に、宮廷の立派な貴族二人と結婚させてあげたのです〉。

えっ、そうなの？　姉たちの縁談の世話まで焼いちゃうの？　ペロー童話は最後に「教訓」がつく。このお話の教訓は、美しさは希少な宝物だが〈品の良さというものは、それにもまして、はかり知れぬ価値がある〉。報復を欠いたシンデレラ。彼女が姉たちに恩を売ったのは、「品の良さ」ゆえなのか。将来、宮廷を牛耳るための伏線だったのか。しかし、性悪な姉たちを押しつけられた結婚相手の貴族こそいい迷惑。宮廷の将来が危ぶまれる。

シンデレラ類話は世界中にあり、いずれも履き物が足に合うかどうかが重要なモチーフ。最古とされるのは中国（唐代）の『葉限』で、だとすると小さい足は纏足《てんそく》だった可能性もある。

●シャルル・ペロー（一六二八〜一七〇三）主な作品は『赤ずきん』『長靴をはいた猫』『青ひげ』など。フランスの作家。古典古代の絶対視を否定する「新旧論争」の火つけ役として知られ、アカデミー・フランセーズ会員にも選ばれた。晩年、民間伝承の昔話をまとめた『ペロー童話集』を発表。
●出典…岩波少年文庫『ペロー童話集』（天沢退二郎訳）

けれども、その悲しみも美しい妻と子どもたちですぐなぐさめられました。

『眠れる森の美女』（一六九七年）シャルル・ペロー

目覚めた後に鬼姑が待っていた

長く子どもに恵まれなかった王と王妃の間に待望の女の子が生まれる。祝いの席に仙女がやってきて次々に幸福を約束するが、ひとりの仙女が「姫は将来、糸車に刺されて死ぬだろう」と予言した。次の仙女が訂正する。「姫は死なない。一〇〇年の眠りにつくだけだ」。ペロー童話では『眠れる森の美女』、グリム童話では『いばら姫』として知られるお話である。十数年後、姫は予言通りに眠りにつき、一〇〇年後、王子が城にやってきて目覚めた姫と結婚する。ここまではペローもグリムもほぼ同じ。ところがペロー版では、この後にもうひと波瀾、嫁と姑をめぐる、橋田壽賀子《すがこ》も真っ青なドラマがつくのである。

姫が眠りから覚めた後、彼女のもとに王子は二年以上も通いつめ娘と息子までもうけるが、彼は父母に秘密を打ち明けなかった。母である王妃が人食いの種族だったからである！

父王の死後、ようやく妻子を自分の城に迎えた新国王。だが、彼の留守中、王太后は孫と嫁を食べたいといいだした。料理長はそのたびに子羊や鹿を供してごまかすが、ある晩、うそがバレてしまう。怒った王太后がヒキガエルやヘビでいっぱいの大桶を用意し、一同を投げ込もうとした矢先、王が帰国。逆上した王太后は自ら桶に飛び込んで、食い尽くされてしまった。

で、ラスト。〈王はそれでも悲しい思いをしました。母親だったからです。けれども、その悲しみも美しい妻と子どもたちですぐなぐさめられました〉。

王子の隠し子。嫁と孫に文字通り牙をむく肉食系の母。その母の自滅。スキャンダラスかつグロテスクな後日談である。というより、まったく別の物語が接ぎ木されているかのようだ。ペローが加えた「教訓」は、当節、理想の夫を一〇〇年も待つ女はいないだろうが、結婚が延期されても幸せに変わりはなく〈待つことで失うものなし〉。

しかし、相手がいかに金持ちで美男でも、婚家で待っていたのがマザコン夫と食人姑では姫も先が思いやられる。「結婚は人生の墓場」っていう教訓のほうがしっくりこない？

今日の子ども向けのお話では後日談は削られるケースが多い。精神分析の見地から処女喪失を忌避する物語と解釈する向きもあるが、結婚後の困難も描いている点では意外に現実的かも。

●シャルル・ペロー（一六二八～一七〇三）プロフィールは89ページ参照。
●出典…岩波文庫『完訳　ペロー童話集』（新倉朗子訳）

お妃は、（略）まっかに焼けた靴をはかされ、踊りに踊りつづけさせられ、とうとうたおれて、死んでしまいました。

『白雪姫』（一八五七年）グリム兄弟

元祖「美魔女」に与えられた運命は……

グリム童話の『白雪姫』はいわずと知れた元祖「美魔女」の物語である。

実母が没し、父王の後妻となった継母は美貌自慢。「かがみよ　かがみ　壁のかがみ／国じゅうで　だれがいちばん美しい？」と問う妃に鏡は答える。「お妃さま、国じゅうで　あなたがいちばん美しい」。ところが白雪姫が七歳になると、鏡はいった。「けれど　白雪姫は千倍も美しい」。妃は、狩人に白雪姫を殺し肺と肝を持ち帰るよう命じる。

昔話によくある児童虐待物語の一種ともいえるが、継母がここまで美にこだわるのは珍しい。たった七歳の娘に嫉妬するのも異常だし、狩人がさしだしたイノシシの内臓を娘の肺と肝臓と思って食べるのも、カニバリズムというより美への執念を感じさせる。

一方、白雪姫の側に立つと、美貌などは何の役にも立たないことがわかる。なまじ美しかったおかげで、身近な年上の女の嫉妬は買うわ、何度も殺されかけるわ。最初は継母が売りにきた飾り紐に、二度目は毒をぬった櫛《くし》にだまされ、三度目でまだ毒リンゴを口にするあたり、美よりも知恵を磨いたほうがよいのではないか、と思わせる。

しかしもちろんお話は、美に執着する年長の女を罰し、知恵のない若い娘に幸福を与える。ガラスの棺に入った姫を王子が所望し、棺をかついだ家来たち。家来がつまずき、棺が揺れた拍子に、のどからリンゴが飛び出て姫は目覚めた。

ラストはふたりの結婚式。妃には残酷な処刑が待っていた。〈お妃は、いやおうなしに、まっかに焼けた靴をはかされ、踊りに踊りつづけさせられ、とうとうたおれて、死んでしまいました〉

飾り紐や櫛と同様、靴も身を飾るグッズである。それを処刑の道具に用いるなんて、報復にも念が入っているではないか。王子のキスで白雪姫が目を覚ますのはディズニー版。焼けた靴をはいた妃が殺される残酷なラストも、ディズニー版にはない。

ヨーロッパ一円に類話があるとされる物語。グリム童話の初版では、お妃が実母だったり、王子が死体愛好者だったりする、より不気味な物語である。

●グリム兄弟：兄ヤーコプ（一七八五〜一八六三）、弟ウィルヘルム（一七八六〜一八五九）。ともにドイツの文献学者、言語学者。兄はゲルマン語の子音推移を体系化した『ドイツ文法』、弟は『ドイツ英雄伝説』の著者。兄弟で編纂したグリム童話は一六〇以上の言語に翻訳されており、聖書と並んで広く読まれたとされる。

●出典：福音館文庫『グリムの昔話　2』（大塚勇三訳）

三人は、うれしいことばかりで、いっしょにくらしました。

『ヘンゼルとグレーテル』（一八五七年）グリム兄弟

グレーテルの恐るべき成長ぶり

飢饉で日々のパンも手に入らなくなった木こりの一家。夫婦は子どもたちを森に捨てようと話しあう。「そんなこと、わしはごめんだ」と渋る夫と「ばかだねえ。そんなこと言ってたら、四人とも、うえ死にしなきゃなりゃしない」とけしかける妻。

貴族階級、すなわち姫と王子のお話が目立つおとぎ話の中にあって、グリム童話の『ヘンゼルとグレーテル』は貧しい庶民階級の物語である。

貧しい家の子はたくましい。森に置き去りにされたヘンゼルとグレーテルも、自力で家に戻ってくる。前の晩に両親の会話を聞いていたヘンゼルの知恵で、家からの道々、白い小石をまいておいたのだ。しばらくして兄と妹はまた森に置き去りにされるが、今度はパンくずをまいたので、鳥に食べられ、戻れなくなってしまった。ふたりが森の奥でパン（原作ではお菓子ではない）の家を見つけ、悪い魔女につかまって……という後の展開はご存知の通り。

初版では実母だった母を、第四版以降、グリムが継母に変えたのは有名な話だが、口減らしのための子捨てや子殺しは、前近代社会では実際にも頻繁に行われていた。

自力で危機を脱する兄と妹はしかし、助けを待つだけの姫や、美しいというだけで姫を嫁にと望む王子を凌駕する。ことにパワーアップいちじるしいのはグレーテルである。機転をきかせて魔女をパン窯の中に突き飛ばし、兄を小屋から救出した妹。帰路で川を渡してくれと鴨に交渉するあたり、泣くだけだった当初の姿とは格段の差だ。

一方、木こりは子どもたちを森に捨ててから〈たのしい時はただの一刻《ひととき》もなく、それから、おかみさんは、死んでしまったのでした〉。そこへ魔女の家から宝石を持ち帰った子どもたち。〈これで、苦労という苦労はすっかりおしまいになって、三人は、うれしいことばかりで、いっしょにくらしました〉。

自力で苦難を克服した経験は子どもを成長させる。母亡き後、グレーテルはこの家の支柱になりそうな勢いだ。壮絶な親離れ&母殺しの物語。過去がトラウマにならなきゃいいけど。


歴史学的、心理学的にさまざまに解釈されてきたグリム童話。ヘンゼルとグレーテルはひとりの子どもの二面性を表しているのだ、というもっともらしい説もある。

●グリム兄弟：兄ヤーコプ（一七八五〜一八六三）、弟ウィルヘルム（一七八六〜一八五九）
プロフィールは93ページ参照。
●出典：岩波文庫『完訳 グリム童話集（一）』（金田鬼一訳）

（少女が）おばあさんといっしょに新しい年をお祝いしに行ったことまでは、だれも知らなかった。

『マッチ売りの少女』（一八四五年）アンデルセン

少女を救わなかった市民社会

昔話（口承文学）に取材したペローやグリムとちがい、アンデルセン童話のほとんどは完全な創作である。『みにくいアヒルの子』は貧しい靴職人の子に生まれ、苦労の末に成功した作者の人生を反映した物語といわれるし、近代の矛盾を描いた作品も多い。『マッチ売りの少女』の舞台も近代の都市である。

雪が降りしきる大晦日の夜、ひとりの少女が裸足で歩いていた。母のものだった木靴は馬車をよけようとして脱げ、片方は見つからず片方は持ち去られてしまった。エプロンの中のマッチはまったく売れず、このまま帰ったら父にぶたれる。指をあたためようとマッチを擦ると、ストーブが現れて消えた。また擦ると、ごちそうがのったテーブルが現れて消えた。次にクリスマスツリーが現れて消えるが、そのとき流れ星が落ちる。流れ星が落ちるとき、魂がひとつ消えると祖母に聞いていた少女はいった。「いま、だれかが死んだわ」。

読者である当時の中産階級の子どもにとって、このお話は強烈な印象を残しただろう。他のおとぎ話とはちがい、ここには市民の介入によって少女が救われる余地があるからだ。

そして、悲劇にわずかな光明を与える結末。次のマッチを擦ると、まばゆい光に包まれたおばあさんが現れた。翌朝、人々は凍え死んだ少女の姿を見る。手にはマッチの燃えかす。「この子は自分をあたためようとしたんだ」と人々は口々にいいあうが、〈でも、少女がこのマッチでどんなにきれいなものを見たかということ、それに、おばあさんといっしょに新しい年をお祝いしに行ったことまでは、だれも知らなかった〉。

少女が見た幻覚は、今日の感覚だと、臨死体験にきわめて近い。「死こそ幸福」というキリスト教的救済と「死しか救いはない」という絶望は紙一重。その向こうには、裸足の少女を助けてやらなかった都市住民の残酷な一面が横たわる。靴を失った時点で市民社会からの排除を宣告された少女。靴の力で幸せを得たシンデレラとは対照的だ。

少女の不幸は、母が登場しない点（死別？　離別？）に象徴されているように思われる。雲にのった阿弥陀如来が往生者を迎えにくる、浄土教の来迎図なども連想させるラストシーンだ。

●ハンス・クリスチャン・アンデルセン（一八〇五〜一八七五）主な作品は『絵のない絵本』『親指姫』『わが生涯の物語』など。デンマークの作家。一五〇以上の童話や物語を残し、今なお読み継がれる。グリム兄弟のような口承文学からの影響は少なく、創作童話が多い。

●出典…文春文庫『アンデルセン童話集　下』（荒俣宏訳）

涙をこぼすたびごとに、神さまのおためしになる時が、一日ずつのびていくのです。

『人魚の姫』(一八三七年)アンデルセン

●ストーカー娘の悲しい末路

海の底の城に住む人魚の王さまには六人の娘がいた。娘たちは一五歳になると海面に浮かび上がって人間の世界を見ることが許された。一五歳になった末娘は、船上で開かれていた人間の王子の誕生パーティーを見る。やがて嵐が船を襲い、海に落ちた王子を姫は助けるが、その日から彼女は王子が忘れられなくなってしまい……。アンデルセンの最高傑作といわれる『人魚の姫』は童話にしてはかなりの長編で、しかも現代的な物語である。

どうしても人間の世界で暮らしたいといい、人間になれる薬を魔法使いにもらった姫は、そのかわり声を失い、歩くたびに足に激痛が走るという試練を与えられるのだ。しかも王子は姫を「かわいいすて子さん」と呼び、城に住まわせて愛玩するも、別の女と結婚してしまう。人魚でいれば三〇〇年の生を約束されていたのに、家族を捨てて陸に上がったばっかりに破滅への道を突き進む姫は、まるで都会で挫折した田舎娘のよう。だがしかし、彼女には最後のチャンスが与えられる。「このナイフで王子を殺せば人魚に戻れる」。妹を思う姉たちの秘策だった。

結局、姫は王子を殺さず、彼女が海の泡と消えたのはご存じの通り。都会のバカなボンボンに憧れた報いというか、ストーカー的に王子を追いかけた娘の末路というか。

物語はしかし、ここで終わらず付け足しに近い結末を用意する。〈そのとき、お日さまが海からのぼり〉、人魚姫は自分が天にのぼっていくのを感じる。彼女を取り巻くのは「空気の娘たち」だった。あと三〇〇年よい行いをすれば、あなたも神の国に入れる。よい子を見れば三〇〇年は一年ずつ減るだろう。が、よくない子を見ると〈涙をこぼすたびごとに、神さまのおためしになる時が、一日ずつのびていくのです〉。

地上の試練に耐えたことが評価され、空気の精になれた人魚姫。宗教的な訓話でごまかされたような気もするものの、不幸で終わらせない点がアンデルセンが愛されてきた理由だろう。あのトンチキな王子を罰してやれよ、と思うのは勧善懲悪のおとぎ話に毒されているせいかしらん。

女性への求愛を拒絶され続けたアンデルセン。人魚姫のストーカー的性格には自身が投影されている可能性も。王子にとがめがない点をとっても、アンデルセン童話は近代文学なのだ。

●ハンス・クリスチャン・アンデルセン（一八〇五～一八七五）プロフィールは97ページ参照。
●出典…新潮文庫『人魚の姫（アンデルセン童話集　Ⅰ）』（矢崎源九郎訳）

きっと思い出すことでしょう。自分自身の子ども時代を、そしてあの幸せな夏の日々を。

『不思議の国のアリス』（一八六五年）ルイス・キャロル

トランプの女王は鬼母の化身か

子どもの頃、『不思議の国のアリス』の何がおもしろいのかわからなかった。このたび新訳（二〇一〇年）で読み直し、いまさらながら、物語内容が「夢」だったことに気がついた。〈アリスは、なんだかとってもつまらなくなってきました。土手の上でお姉さんと並んですわっていても、なにもすることがないからです〉という書き出しで物語ははじまり、〈そこで、ぼうっと考え始めました――暑い日だったので、すごく眠たくて、なかなか頭が働かなかったのですが――〉。と、そのとき突然、白ウサギが、そばをかけぬけるのである。

三月ウサギと帽子屋の茶会とか、トランプの女王との対決とかといった、おなじみの冒険譚のラストは、よっていわゆる「夢オチ」である。トランプの女王の法廷に立たされ「あなたたちみんな、ただのトランプじゃないの！」と叫ぶアリス。その瞬間、すべてのトランプが空中に舞い上がり、〈きゃっとさけんでトランプをはらいのけようとした〉ところ、〈ふと気がついてみると川べりでお姉さんのひざまくらで寝ているのでした〉。

姉はアリスの顔にかかった枯れ葉をはらいのける。トランプの正体は枯れ葉だったのだ。

テキストはこの後、アリスの夢物語を聞き終えた姉の感慨を付け加える。いわば「種明かし編」である。ウサギが通りすぎる音は風に揺れる草のざわめき。茶会でティーカップが鳴る音は羊の首についた鈴。女王の叫び声は羊飼いの少年の声……。

妹は将来どんな大人になるだろうと姉は考える。子どもたちに不思議の国での体験を話して聞かせるかもしれない。〈子どもたちの無邪気な喜びや悲しみに一喜一憂しながら、きっと思い出すことでしょう。自分自身の子ども時代を、そしてあの幸せな夏の日々を〉。

浅い眠りの中で音が夢に影響を与えた経験も、身体が伸びたり縮んだりする感覚も、子どもの頃にはたしかにあった。物語の秘密を握る姉の存在。でもなぜ母ではなく姉なのか。アリスの母は怖い人だった？　というより理不尽なトランプの女王こそ、子どもから見た母親像なのかも。

オペラ、バレエ、映画、アニメなど、ありとあらゆる表現に脚色されてきた作品。最初の映像作品はサイレント時代の短編映画（一九〇三年）。アリスが目覚めるところで終わっている。

●ルイス・キャロル（一八三二〜一八九八）主な作品に『鏡の国のアリス』『スナーク狩り』など。本名はチャールズ・ラトウィッジ・ドジソン。イギリスの作家・数学者。「少女」を媒介に想像力を羽ばたかせ、多彩な言語的遊戯を駆使。その作風は後世のシュールレアリズムや言語哲学にも影響を与えた。
●出典…角川文庫（河合祥一郎訳）

ぼくたち、幸福に暮すために、いつかきっとあの鳥がいりようになるでしょうから。

『青い鳥』（一九〇九年）メーテルリンク

「幸福は近くにある」って本当？

メーテルリンク『青い鳥』はだれもが結末を知っている（と思っている）物語である。青い鳥を探して旅に出たチルチルとミチル。だが、家に帰ってみると、青い鳥はかごの中にいた。幸福は近くにあったのです、チャンチャン。――さあ、それは本当かな。

『青い鳥』は六幕一二場の戯曲である。第一場はクリスマス前夜の木こり小屋。窓から金持ちの家を眺める兄妹の前に不気味な妖女が現れる。「青い鳥はいないかね？」。鳥はいるけどあげないと断る兄妹に、妖女は病気の娘のために青い鳥を探してくれと依頼する。

魔法の帽子をもらった兄妹は光の精に導かれ、思い出の国、夜の御殿、幸福の花園、未来の王国と旅を続けるが、青い鳥は獲れなかったり死んだり色が変わったり。

そして問題のラスト。兄妹は寝床で目を覚ます。夢だったのだ何もかも。が、兄妹の目に映る小屋は幸福感に充ちていた。そこに現れた隣のおばあさん。病気の娘がチルチルの鳥をほしがっているという。彼はかごの鳥が青いことに気づく。青い鳥はここにいたんだ！

原作にはまだ先がある。チルチルが青い鳥をあげたことで娘の病気は回復。しかし、餌をやろうとしたとき、鳥は逃げてしまうのだ。泣き叫ぶ娘に「またつかまえてあげるからね」と彼はいい、客席に呼びかける。

〈どなたかあの鳥を見つけた方は、どうぞぼくたちに返してください。ぼくたち、幸福に暮すために、いつかきっとあの鳥がいりようになるでしょうから〉。

ここには二重の反転がある。第一に、幸福の青い鳥は辛い旅を経験した者、人に優しくできる者だけに与えられること。第二に、青い鳥は逃げてもまた探せばいいこと。求めよさらば与えられん、青年よ荒野を目指せ、可愛い子には旅をさせろ、である。

身のほどを知れ、現状で満足せよといわんばかりの「幸福は近くにある」論とは正反対の「旅立て」というメッセージ！　青い鳥は青くさい夢や理想の別名かもしれない。しかし、どこでこんな誤解が生じたのか。保守的な大人の陰謀か。そうだ、きっとそうに決まってる。

現在ではミュージカル作品として人気。劇団四季などの演目にもなっており、また子どもや市民が自ら上演するケースも多い。ただし、台本はいずれも脚色されている。

●モーリス・メーテルリンク（一八六二～一九四九）主な作品は詩集『温室』、戯曲『マレーヌ王女』『ペレアスとメリザンド』など。ベルギーの作家。フランス象徴主義の影響を受けた夢幻的な悲劇で知られる。後半生はより写実的な作風に移行するとともに、自然界の神秘を探る博物学的著作も残した。

●出典…新潮文庫（堀口大學訳）

こうして、子どもが陽気で、むじゃきで、気ままであるかぎり、これはくりかえされていくのです。

『ピーター・パンとウェンディ』（一九一一年）J・M・バリー

歴代の娘の前に現れる謎の少年

ロンドンの住宅街に住むダーリング家の子どもたち、ウェンディ、ジョン、マイケルの三人きょうだいは、両親が留守の夜、謎の少年ピーター・パンに導かれてネヴァーランドに向かう。人魚、妖精、インディアン、そして迷子の子どもたちが住むネヴァーランド。ピーターは片腕の海賊ジェームズ・フック船長との宿命の対決に臨むが……。

J・M・バリー『ピーター・パンとウェンディ』はディズニー映画でおなじみ、『ピーター・パン』の原作である。どこにもない夢の国を舞台にした冒険物語。児童文学で繰り返し描かれてきた題材である。が、これはディズニー版のように単純明快なファンタジーではない。

〈右へまがって、二つめの横丁、それを朝までまっすぐ〉のところにあるネヴァーランド。素直に解釈すれば、それは「子どもの空想が生み出した国」だろう。その証拠に、家に戻って大人になったウェンディの後日談で物語は幕を閉じる。

結婚してジェインという娘を持ったウェンディ。そこに現れたピーターに、ウェンディは残酷な事実を告げる。「わたしは、ずっとまえに、おとなになったの」。だからもういっしょには行けないのだ、と。だが、娘のジェインはピーターとともに飛んでいった。そのジェインもやがて母になり、娘のマーガレットがピーターに出会う。〈こうして、子どもが陽気で、むじゃきで、気ままであるかぎり、これはくりかえされていくのです〉。

子どもの夢は永遠に繰り返されるという、一見幸福な末尾。しかし、はたしてピーター・パンとは誰なのか。ネヴァーランドに住む子たちとは〈ばあやたちがよそ見してる時、うば車からおっこった子どもたちなんだ。もし一週間以内にとどけ出がないと、費用がかかるから、遠くのネヴァーランドに送られちゃうんだ〉とピーターはいい、自分はその隊長だと説明する。もしかして、彼らはこの世に生を受けることがかなわなかった子どもたちなのではないか。歴代の娘たちの前に現れるピーターが、ウェンディの兄か弟だったとしたら……。どう思います？

本作に先だってバリーは『ケンジントン公園のピーター・パン』（一九〇六年）という小説を書いている。主役は赤ん坊のピーター・パン。冒険譚とは異なるが、こちらも奇妙な物語だ。

●ジェームズ・マシュー・バリー（一八六〇〜一九三七）主な作品は戯曲『あっぱれクライトン』『親愛なるブルータス』など。イギリスの作家。一九〇二年の小説で誕生したピーター・パンの物語をその後、舞台で展開して大ヒットさせた。本作はそのノベライズ版。

●出典：福音館文庫（石井桃子訳）

極楽ももう午《ひる》に近くなったのでございましょう。

『蜘蛛の糸』（一九一八年）芥川龍之介

極楽と地獄の格差社会

物語の内容はもはや紹介するまでもないだろう。初出媒体は鈴木三重吉が主宰する「赤い鳥」。『蜘蛛の糸』は芥川龍之介がはじめて書いた少年少女向けの童話である。

地獄の底であえぐ大泥棒の犍陀多《カンダタ》は生前極悪非道の限りを尽くしたが、一度だけ善行をした。小さな蜘蛛を踏みつぶそうとしてとどまったのである。それを思い出したお釈迦様は、犍陀多を救ってやろうと地獄の底に蜘蛛の糸を垂らす。ところが犍陀多が糸を登る途中で下を見ると、無数の罪人が登ってくる。糸が切れるのを恐れた犍陀多は叫ぶ。「この蜘蛛の糸は己《おれ》のものだぞ」。そのとたんに糸は切れ、犍陀多は地獄の底にまっさかさまに落ちてしまった。

通常は、エゴイズムをいさめる教訓話として読まれてきた作品。しかし、今日ここから連想されるのは、過酷な競争社会、格差社会である。ポイントは犍陀多の物語（二）の前後に配置されたお釈迦様目線で書かれた部分だ（一＆三）。

ある日のこと〈御釈迦様は極楽の蓮池のふちを、独りでぶらぶら御歩きになっていらっしゃいました〉。これが書き出し。お釈迦様、やけに余裕をカマしているではないか。〈極楽は丁度朝なのでございましょう〉。蓮池の真下に見える血の池地獄。お釈迦様が蜘蛛の糸を垂らしたのはほんの気まぐれ、朝の散歩のついでにすぎない。

ラストは再び極楽。蓮池のふちで一部始終を見ていたお釈迦様は落ちる犍陀多を見て悲しそうな顔をするが、〈またぶらぶら御歩きになり始めました〉。地獄の喧噪に極楽は頓着しない。蓮の花の芳香があふれる。〈極楽ももう午に近くなったのでございましょう〉。

これほどの騒動は、わずか数時間の出来事だったのである。血の池であえぐ地獄の住人と、花咲く池で高見の見物をする極楽の住人。これを社会の二極化といわずして。

細い糸にすがって争うビンボー人。蜘蛛を踏まなかったのがそれほどの善行なのかという疑問も、セレブなお釈迦様の退屈しのぎと思えば納得できるではないか。


芥川には古典に取材した作品が多く、『蜘蛛の糸』はポール・ケーラス『カルマ』(一八九四年)の中の一話。鈴木大拙が『因果の小車』の邦題で訳しているが、元は短い小話だ。

●芥川龍之介(あくたがわ・りゅうのすけ 一八九二〜一九二七)主な作品は『羅生門』『地獄変』『歯車』など。夏目漱石に『鼻』を激賞され、大正文壇に華々しくデビュー。東西の古典に想を得つつ、理知的な構成の短編小説を数多く発表した。「ぼんやりとした不安」による睡眠薬自殺は社会に大きな衝撃を与えた。
●出典…岩波文庫

（赤おには）戸に手をかけて、顔をおしつけ、しくしくと、なみだをながして泣きました。

『泣いた赤おに』（一九三三年）浜田廣介

「こころ」を持った鬼のこころは

浜田廣介『泣いた赤おに』は、多くの謎と疑問をはらんだ作品だ。人間と仲良くなりたい赤鬼が戸口の前に立て札を出した。「ココロノ　ヤサシイ　オニノ　ウチデス。／ドナタデモ　オイデ　クダサイ」。おいしいお菓子もお茶もございます、とも書いたのに人間は寄りつかない。そこで友人の青鬼が一計を案じた。自分が村で暴れるから君は僕をやっつけろ。作戦は成功し、赤鬼は人間と親しくなるが、その後青鬼を訪ねると、「ボクハ、コレカラ　タビニ　デル　コトニ　シマシタ」「ドコマデモ　キミノ　トモダチ／アオオニ」と記した手紙を戸口に貼って青鬼は姿を消した後だった。

学校式の解釈では、これは友情と自己犠牲の物語である。やや大人っぽい目で読めば、異文化を拒む共同体（人間）と、異文化との交流を望む異形の者（鬼）の物語だろうか。

だが、どうも釈然としない。赤鬼が人間と親しくなれたのは、彼らを芝居でだますことに成功したからだし、青鬼が旅に出たのはウソがバレるのを恐れたからだ。つまり人間と鬼の間に本当の信頼関係は成立していないのである。

〈赤おには、だまって、それを読みました。二ども、三ども、読みました。戸に手をかけて、顔をおしつけ、しくしくと、なみだをながして泣きました〉という有名なラストをどう読むかもむずかしい。赤鬼が泣いたのは、かけがえのない友を失った悲しみなのか。それとも人間とばかり仲良くし、同胞の青鬼を忘れた自分の浅はかさに気づいたためなのか。

『桃太郎』でも『一寸法師』でも昔話の悪役だった鬼にヒューマンな「こころ」を与えたことが『泣いた赤おに』の画期的に新しかった点である。ただ、鬼に人間性が加わった代わり、ここに出てくる人間たちはあまりに愚かで単純だ。外見で相手を判断する。芝居にはだまされる。ころっと態度は変える。赤鬼はなぜすべてを詫びて、青鬼を人間に紹介しなかったのだろう。青鬼が去ったのは、そんな思慮の浅い赤鬼に失望したせいってことはないですかね。

マンガ家の浦沢直樹が絵本にしたり、3DCGアニメ映画『フレンズ　もののけ島のナキ』になったり（いずれも二〇一一年）、現在でも人気は衰えない。それだけ奥の深い作品ともいえる。

●浜田廣介（はまだ・ひろすけ　一八九三〜一九七三）主な作品は『よぶこどり』『むくどりのゆめ』『りゅうの目のなみだ』など。小川未明とともに、日本の児童文学の先駆け的な存在。半世紀の作家生活で約千編の作品を発表し、その叙情的幼年童話が「ひろすけ童話」として親しまれる。
●出典…偕成社文庫

やがて歓楽を亡ぼし、交わりを断つものが訪れて、あの世へみまかりました。

『アラジンと不思議なランプ』（一八八五～八八年）バートン

アラジンは中国人だった！

『アラビアンナイト』『千夜一夜物語』として知られる物語の成立過程は複雑怪奇だ。九世紀頃に原型が作られていたといわれるが、作者は不詳。しかもアラビア語の原典に「アラジン」や「アリババ」は入っていない。一八世紀のフランス人東洋学者ガランの翻訳を経て、現在広く流通しているのは一九世紀に整理されたリチャード・バートンの英訳版である。で、『アラジンと魔法の（大場正史訳では不思議な）ランプ』。

貧しい少年アラジンのもとに、ある日、亡き父の弟と名乗る人物が訪ねてくる。彼はじつは魔法使いで、アラジンを連れ出し、地下にある魔法のランプを持ち出させた後、彼を殺すつもりだった。難を逃れたアラジンは、魔法のランプの精（魔神）の力を借りて大金持ちになり、一方では王の娘と結婚を取りつけるまでになるが……。

舞台はアラビアではなく、じつは中国。つまりアラジンは中国人の少年で、それなのに叔父を名乗る魔法使いは北アフリカのモロッコ人。舞台がめちゃくちゃ広いのだ。魔神が繰り出す魔法も尋常ではない。アラジンの求めに応じて人はワープさせるわ、財宝はザクザク出現させるわ、何十人もの奴隷は即座に調達してくるわ、宮殿を一夜にして出現させるわ。

一方、不良少年だったアラジンは、アラーの神をたたえ、商才を磨きはするが、王女と結婚するといってきかないし、老いた母は使い倒すし、もうやりたい放題。ここでは善良であることよりも、知恵を働かせることが勝利の条件なのである。

一度はランプを奪われるも、一計を講じて奪還に成功したアラジンは、やがて王位を継承。民に慕われる王となる。〈アラジンは妃とともに仲睦じく、楽しく世をすごしていましたが、やがて歓楽を亡ぼし、交わりを断つものが訪れて、あの世へみまかりました〉。

死を「歓楽を亡ぼし、交わりを断つもの」ととらえる快楽主義。ヨーロッパから見た異郷はかくも神秘的だったのか。これも一種のオリエンタリズム、と解するべきか。

欧州で「千夜一夜」ブームが起こったのは一八世紀の帝国主義時代。オリエンタリズム（偏見がまじった東洋趣味）を批判したサイードも、著書でバートンを批判的に取り上げている。

●リチャード・フランシス・バートン（一八二一～一八九〇）主な作品は『東アフリカへの第一歩』『中央アフリカの湖水地方』、翻訳『カーマ・スートラ』など。イギリスの探検家・文筆家で、ヨーロッパ人として初めてタンガニーカ湖を発見。また語学に堪能で、方言を含め四〇の言語を習得したとされる。

●出典：角川文庫『アラビアンナイト　バートン版　千夜一夜物語拾遺』（大場正史訳）

滅びることなき永遠の神に栄光のあらんことを!

『船乗りシンドバッドと軽子のシンドバッド』(一八八五〜八八年)バートン

一般に「船乗りシンドバッドの冒険」として知られる物語の正式なタイトルは『船乗りシンドバッドと軽子《かるこ》のシンドバッド』。軽子とは荷物を運ぶ仕事をする人(ポーター)のことである。

軽子のシンドバッドが一服していると、中庭からいい匂いがただよってきた。屋敷は宴会の真っ最中。自分は重荷にあえいでいるのに、一方では快楽と飽食にふける金持ちがいる不公平。わが身を呪いつつ彼は歌った。〈さはさりながら、全知の神よ、/あえて君をば呪うまじ、/君の掟は正しくて、/君の正義はあやまたじ〉。

●金持ちシンドバッド、貧乏シンドバッド

この歌を聞きつけた屋敷の主が軽子を招いた。主の名もシンドバッド。二人はもう兄弟分だ、わしの話も聞いてくれ。こうして屋敷の主である金持ちの船乗りシンドバッドは、自らの七度にわたる航海の経験を語るのである。

最初の航海で上陸した島は島でなくクジラだった。二度目の航海ではダイヤモンドを手に入れた。三度目の航海で上陸した島には食人鬼が住んでいた……。いつもシンドバッドは間

一髪で危機を脱し、親切な人に助けられて財宝を手に帰郷するが、遊興に飽きてまた航海に、の繰り返し。最後の旅で得た妻とともに帰郷したときには二七年がたっていた。

わしがいまの身代を手にするまでにはこれほどの艱難辛苦があったのだ、と語る船乗りシンドバッドに、軽子のシンドバッドは許しを乞う。かくして二人は死ぬまで親交を結び、愉悦を尽くした。貧しくとも神を呪わず、富豪の友を得た軽子のシンドバッド。〈滅びることなき永遠の神に栄光のあらんことを！〉という末尾がここで生きる。

もっとも、これは『千夜一夜物語』の一挿話。〈シャーラザッドは夜がしらんできたのを知って、許された物語をやめた〉という一文を何度も挟み、シンドバッドの物語には三〇夜かけている。よってもうひとつの末尾は〈シャーラザッドはつぎのような物語をはじめた〉。物語の区切りを曖昧にしておかないと殺されるのだ。七度にわたる冒険とどっちが過酷だろうか。

アラビア語からの翻訳は『アラビアン・ナイト』（東洋文庫・全一八巻＋別巻一）、フランス語からの翻訳は『完訳　千一夜物語』（岩波文庫・全一三巻）で読める。いずれも長大なシリーズだ。

●リチャード・フランシス・バートン（一八二一～一八九〇）プロフィールは111ページ参照。
●出典…ちくま文庫『バートン版　千夜一夜物語　7』（大場正史訳）

わたしの黄金の町で幸福な王子がわたしを賞めたたえるようにするつもりだから

『幸福な王子』（一八八八年）オスカー・ワイルド

じつは王子とつばめの恋愛小説？

『幸福な王子』はオスカー・ワイルドの童話の中でも特に有名な一編だろう。

ある町に幸福な王子の像が建っていた。この町に一羽のつばめが飛んでくる。エジプトへ旅立った仲間を追う急ぎ旅の途中だった。ところが、つばめが王子の足もとで眠ろうとすると上から水が降ってくる。王子は泣いていた。「つばめさん、この刀のルビーをあの貧しい母子のところへ持っていってくれないか」。つばめは頼みをききいれるが、翌日も王子は用事をいいつけた。「わたしの目のサファイアを抜きとって、あのひもじい青年に届けてくれないか」

子どもの頃は、貧しい人々を救った博愛と自己犠牲の物語としか思わなかった。しかし完訳版はもっと大人っぽく、つばめはもっと不良っぽい。王子がつばめに用をいいつけるのは彼を一日でも長く引きとめておきたいから。つばめが自分を犠牲にしてまで王子に従うのは無償の愛に目覚めたから。これはもう恋愛以外の何ものでもない。

冬が深まり、死期をさとったつばめはいう。「お手にキスさせてくださいませんか？」

王子はいった。「わたしのくちびるにキスしなさい、わたしはおまえを愛しているのだから」。

最後を飾るのは宗教的なエンディングだ。つばめの死と同時に王子の鉛の心臓は二つに割れ、王子の像が炉で溶かされても心臓だけは残るのだ。なんて悲しい恋の末路。

「町じゅうでいちばん貴いものをふたつ持ってきなさい」という神様の命で、天使はつばめの死骸と王子の心臓を持ち帰る。「おまえの選択は正しかった」と神様はいった。

「天国のわたしの庭で、この小鳥が永遠に歌いつづけるようにし、わたしの黄金の町で幸福な王子がわたしを賞めたたえるようにするつもりだから」

自身も同性愛の罪で投獄された作者ワイルド。神様がつばめと王子に永遠の命を与えると約束したのは、人々を救った王子とつばめの行為を讃えるためだった。だが、恋愛小説として読むと、このラストはキリスト教が罪悪視した恋愛への許しのようにも思えるのだ。

同性愛が忌避された時代の文学には、ホモエロティックな関係性を秘めた作品がじつは少なくない。詳しくは大橋洋一監訳『ゲイ短編小説集』(平凡社ライブラリー)を参照されたし。

●オスカー・ワイルド（一八五四〜一九〇〇）主な作品は『ドリアン・グレイの肖像』、戯曲『サロメ』、回想録『獄中記』など。イギリスの作家。「芸術のための芸術」を唱えた世紀末唯美文学の代表選手。同性愛ゆえに実刑を受け、出獄後は失意のうちにパリで客死した。
●出典…新潮文庫（西村孝次訳）

最後の葉っぱが落ちた晩に、あの人があそこへかいておいたのよ。

『最後のひと葉』（一九〇五年）O・ヘンリー

もうひと波瀾ありそうな結末

窓の外のツタを見て「あの葉が落ちたら私も死ぬのよ」といっていた病気の女の子。だが！

国語の教科書で読んだ人も多いはず。O・ヘンリー『最後のひと葉』は短編の名手による有名な物語である。子どもの頃の記憶とはしかし、なんといい加減なものだろう。病室にいるのは母と幼い娘のような気がしていたが、舞台は売れない芸術家たちが集まるニューヨークのシェアハウス。これはひとつの部屋をシェアする若い二人の女性のお話だった。

気弱になり「最後の一枚が落ちるときには……」と語るのは肺炎を病んだジョンジー。「そんなバカな話、きいたこともないわ」と一蹴するのはルームメートのスー。二人の階下には傑作を描く描くと豪語しながら何も描かずにときをすごした老人ベアマンが住んでおり、スーの話を聞いてやはり憤慨する。「どうしてそんなバカな考えを」。

そして問題の朝、窓外の壁に一枚の葉がまだついたままなのを見てジョンジーは反省する。「死にたいとねがうなんて、罪悪なのね」「あたし、そのうちナポリ湾をかいてみたいわ」。

希望を取り戻し、危機を脱したジョンジーに、スーは「あんたに話すことがあるのよ」と告げる。「ベアマンさんが、きょう病院で肺炎のためになくなったの。たった二日寝たっきりよ」と。「あんた、ふしぎだとは思わなかった？　ああ、ジョンジー、あれが、ベアマンさんの傑作だったのよ——最後の葉っぱが落ちた晩に、あの人があそこへかいておいたのよ」。

物語はここで終わる。昔読んだ印象では、希望を持つことの大切さを教える美談であった。しかし、病気の主が大人の女性だとすると、話はいささか変わってくる。ジョンジーはスーの話を聞いてどう思ったか。嵐の夜に無理をして死んだ老人。自分の浅はかな妄想が間接的に彼を殺したことを知って、激しい後悔にかられたのではないか。

ジョンジーの反応を示す直前で物語は終わる。彼女は泣き叫ぶのか、茫然自失するのか。もうひと波瀾が予想される終わり方。お守り役であるスーの気苦労がしのばれる。

巧みなストーリーと見事なオチで読ませるO・ヘンリー。が、私生活では横領で逮捕されたり妻と離別したり、難事が絶えなかった。かすかにまじる苦みが物語の隠し味ともいえそうだ。

●O・ヘンリー（一八六二〜一九一〇）主な作品は『賢者の贈り物』『二十年後』『警官と賛美歌』など。アメリカの作家。銀行員時代に公金横領の嫌疑で告発され、服役中に創作をはじめる。市民の哀歓を描き出した短編が多く、欧米ではサキと並んで短編の名手と呼ばれる。
●出典：偕成社文庫（大久保康雄訳）

（ジェインは）いつもメアリー・ポピンズがするように、マイケルの毛布をぐあいよくなおしてやりました……

『風にのってきたメアリー・ポピンズ』（一九三四年）P・L・トラヴァース

余計な説明をしないクールな乳母

その人は東風にのって桜町通り一七番地にやってきた。そして「風が変わるまではいましょう」といった。『風にのってきたメアリー・ポピンズ』は泣く子も黙る世界最強の乳母の物語である。彼女のいる場は不思議でいっぱい。笑うたびに体が空中に浮いたり、隣家の犬の言葉を通訳したり、磁石の文字盤がグルグル回ると世界中に旅できたり。ジェインとマイケルに双子のジョンとバーバラを加えたバンクス家の子どもたちは、彼女に夢中である。

しかし、メアリー・ポピンズは余計なことはいっさいしゃべらず、子どもを甘やかさない。彼女はいつもツンとしていて、すぐ不機嫌になる。子どもたちが不思議な出来事について質問しても「どういうことです、空中にですって？」「いいかげんにしてください」。

このお話の魅力は、そう、メアリー・ポピンズその人同様、語り手もいっさいの説明をしないことなのだ。彼女が誰でどこから来たのか。なぜバンクス家だったのか。質問をぴしゃりと拒否された子どもたち同様、読者もそれ以上の詮索は無駄だと知る。

季節が春に変わった西風の日、彼女は挨拶もせずに去る。

風にのって彼女が空の彼方に消えた後、ジェインは小さな包みと手紙を見つける。友人のバートが描いたメアリー・ポピンズの絵だった。〈マイケルには磁石をあげましたから、この絵はあなたにあげます〉。ジェインは弟のベッドに絵をすべりこませる。〈「こんやは、もっていいわ。」と、ジェインは小声でいって、そして、いつもメアリー・ポピンズがするように、マイケルの毛布をぐあいよくなおしてやりました……〉

何ひとつくれなかったメアリー・ポピンズのたったひとつの贈り物。ジェインが姉らしくふるまうのは「帰ってくるまで、おとなしくしているんですよ」とメアリー・ポピンズに命じられたからだ。躾《しつけ》の効果抜群である。大人には子どもが知らない世界があるのだと、この本はさりげなく主張する。ジュリー・アンドリュース主演の映画とはまた異なる、その厳しさがステキ。

一九六四年の映画で有名になった作品。二〇一三年にはディズニーがトラヴァースに映画化の許可を得るまでの二〇年にわたる交渉を描いた『ウォルト・ディズニーの約束』が公開された。

●パメラ・リンドン・トラバース（一九〇六～一九九六）主な作品は『とびらをあけるメアリー・ポピンズ』など。オーストラリア出身のイギリスの作家。バレエや演劇の経験を経て、病気療養中に創作活動を開始。「メアリー・ポピンズ」は二〇か国語に翻訳される人気シリーズとなった。

●出典…岩波少年文庫（林容吉訳）

その甲らには、この物語をここまで読んできた人にしか見えない文字が、ゆっくりと浮かびあがりました。

『モモ』（一九七三年）ミヒャエル・エンデ

スマホみたいなカメに導かれ

廃墟となった円形劇場にひとりの女の子が住みはじめた。名前はモモ。彼女に話を聞いてもらうだけで人々は幸福な気分になる。ところがここに、時間貯蓄銀行から灰色の男たちがやってきて……。ミヒャエル・エンデ『モモ』は七〇〜八〇年代に一世を風靡《ふうび》し、いまなお読み継がれている物語である。子どもより大人に人気があるような気がするのは、時間をめぐる展開に近代批判、ないし現代社会への風刺の要素が含まれているからだろうか。

灰色の男たちに促された人々は一刻も時間を無駄にすまいと効率だけを求めるようになり、おかげで経済は発展するが、幸福感は遠のく。時間の貯蓄を呼びかける灰色の男たちはじつは時間泥棒で、人から奪った時間で生きていた。

モモを支援するのは、甲羅に文字が浮かび上がる不思議なカメのカシオペイア（じつは時間を司るマイスター・ホラの使者）である。カシオペイアに導かれ「時間の国」に赴いた彼女は、終盤にいたって灰色の男たちと対決し、奪われた時間を取り返すのだ。

再び戻った幸福な時間の流れ。一方、時間の国に帰ったカシオペイアは、マイスター・ホラにねぎらわれ、甲羅に「アリガトウ!」と表示した後、〈しずかなくらいものかげにもぐりこむと、頭と手足をひっこめました〉。そしてラスト。〈その甲らには、この物語をここまで読んできた人にしか見えない文字が、ゆっくりと浮かびあがりました〉。「この物語をここまで読んできた人にしか見えない文字」とは何だったのか。挿絵では「オワリ」だが、物語の経緯にならえば「ゴキゲンヨウ!」でしょうね。

にしても三〇分後の出来事が予測でき、「ツイテオイデ!」とか「ツキマシタ」とか、何でも甲羅に表示して教えてくれるカシオペイアは、スマホみたいなやつである。時間のみならずIT機器にも縛られている現代人。エンデがそんな未来まで予見していたとしたら、まさにミラクル。モモが最後にスマホなカメと別れるのは、ITに頼りすぎるなという警告かも!

モモがピーター・パンやアリスと決定的に違うのは、彼女が世界の救世主として機能していることである。彼女はナウシカ系のヒロインなのだ。いかにも二〇世紀後半の物語らしい。

●ミヒャエル・エンデ(一九二九~一九九五)主な作品は『はてしない物語』『鏡のなかの鏡』、戯曲『サーカス物語』など。ドイツの作家。幻想的かつ現代文明への批判を込めた、新しいタイプのメルヘンを創造。最初の妻と死別し、晩年に『はてしない物語』の翻訳者、佐藤真理子と結婚。

●出典…岩波少年文庫(大島かおり訳)

4 歴史は劇場

娯楽目的の時代小説、史実に基づく
歴史小説。どっちがお好き？

次第に更けて行く朧夜に、沈黙の人二人を載せた高瀬舟は、黒い水の面をすべって行った。

『高瀬舟』（一九一六年）森鷗外

権力に疑問を抱いた小役人の動揺

ときは江戸中期、寛政年間（一七八九～一八〇一年）のころ。森鷗外『高瀬舟』は〈高瀬舟は京都の高瀬川を上下する小舟である〉と書き出される。

同心の庄兵衛《しょうべえ》はある日、弟殺しの罪で遠島になった喜助《きすけ》の護送を命じられる。喜助は他の罪人とちがい晴れ晴れとしている。聞けば、自分は悲惨な生活をしてきたが、寝食を与えられ、現金をもらって遠島になるのは幸せだという。わが身に引き比べ、喜助の無欲に驚く庄兵衛。

さらに聞けば、喜助は病を苦に自殺を図って失敗した弟の苦しみを見かね、「剃刀を抜いてくれたら死ねる」「早く抜いてくれ」という弟の頼みにしたがって、剃刀を抜いてやったのだという。庄兵衛は考える。〈これが果して弟殺しと云うものだろうか〉。

鷗外が自注（高瀬舟縁起）で物語のモチーフとして〈死に瀕して苦むものがあったら、楽に死なせて、その苦を救って遣るが好い〉という「医学社会の論」を紹介していることもあり、この作品のテーマは従来「知足」ないしは「安楽死」だとされてきた。

しかし、テキストがあくまで庄兵衛の動揺を軸に組み立てられている点に注目したい。ラスト近くにいたって、庄兵衛は考える。自分は〈お奉行様の判断を、そのまま自分の判断にしよう〉と思ってきたが、〈どこやらに腑に落ちぬものが残っているので、なんだかお奉行様に聞いて見たくてならなかった〉。続く末尾の一文は〈次第に更けて行く朧夜に、沈黙の人二人を載せた高瀬舟は、黒い水の面をすべって行った〉。

喜助は社会に見捨てられたワーキングプア。下級武士の庄兵衛はしがない小役人。ともに生活は苦しいが、庄兵衛は自分より悲惨な喜助を見て、お奉行という権力にはじめて疑問を抱くのだ。制度に従順だった人物の社会性の獲得、あるいは階級の発見。彼は近代人への第一歩を踏み出したことになろう。自身も高級官僚だった鷗外は、組織の歯車である自分と個の自由をどう見ていたのか。高瀬舟は護送船の別名だ。そう思って読むと、小さな舟が国家の縮図に思えてくる。

『阿部一族』『大塩平八郎』『堺事件』『山椒大夫』『渋江抽斎』など、晩年の森鷗外は歴史上の人物や過去の説話に取材した作品を多く残した。『高瀬舟』もその系列の短編である。

●森鷗外（もり・おうがい　一八六二〜一九二二）主な作品は『舞姫』『ヰタ・セクスアリス』『雁』など。陸軍軍医総監、陸軍省医務局長という軍医として最高の地位に上りつめながら、小説、翻訳、評論など多岐にわたる文筆活動でも数々の功績を残した。
●出典…新潮文庫

千葉の花和村の木本神社の縁日では、今でも「ベロ出しチョンマ」を売っている。

『ベロ出しチョンマ』（一九六七年）斎藤隆介

刑場で妹を笑わせた兄

〈千葉の花和村に「ベロ出しチョンマ」というオモチャがある。チョンマは長松《ちょうまつ》がなまったもの〉。『ベロ出しチョンマ』は斎藤隆介の名をいちやく有名にした創作民話である。

一二歳の長松（チョンマ）はいつも、三歳の妹ウメが泣きそうになると「ウメ。見ろ。アンちゃんのツラ」といい、眉をハの字に下げベロをベロッと出して笑わせていた。

ある朝起きると、父ちゃんがいない。村を襲った大凶作に年貢の引き上げが重なり、将軍に直訴にいったという。死を覚悟しての直訴である。

刑場で長松は父ちゃんを見た。とらえられたのは父ちゃんだけではなかった。母ちゃんも長松もウメもハリツケ柱に縛られた。大声で泣くウメに長松は叫ぶ。「ウメーッ、おっかなくねえぞォ、見ろォアンちゃんのツラァァーッ！」。そして眉をハの字に下げるとベロを出した。人々は笑いながら泣いた。長松はベロを出したまま死んだ。

土台になっているのは佐倉惣五郎（将軍に直訴して村を救ったが、一家六人が処刑された）の伝説である。歌舞伎の「佐倉義民伝」でも知られ、自由民権運動にも影響を与えたとされる人物だ。理屈っぽくいえば、権力と対峙して処刑された正義の庶民の悲劇、ということになるかな。でも、いま読んで感じ入るのは、むしろ笑いの力である。長松にこのような行動をさせたのは、妹を思う心と義民の子としての誇りだろう。

親子が処刑された刑場跡には社が建ち、〈千葉の花和村の木本神社の縁日では、今でも「ベロ出しチョンマ」を売っている〉というラストも民話風である。花和村は架空の村。このオモチャも創作で、実際には売られていない。

一時期は教科書にも載った作品だが、現在の国語教科書に載る斎藤隆介の定番教材は、臆病な少年・豆太が病気になった祖父のために夜道を走る『モチモチの木』（一九七一年）である。いずれも子どもの勇敢な姿を描いた名作ながら、長松の迫力に豆太はかなわない。

作中には、年貢に苦しむ村人たちの対抗手段としては、逃散、打ち壊し、強訴、直訴などの方法があった、なんていう情報も。教科書から消えたのは、騒擾を恐れた人たちの差し金？

●斎藤隆介（さいとう・りゅうすけ　一九一七〜一九八五）主な作品は『花さき山』『ちょうちん屋のままッ子』『ソメコとオニ』など。新聞記者を経て創作童話を書き、民話絵本のブームを起こした。戦後の児童文学作家に与えた影響も大きい。

●出典…ハルキ文庫

これらの橋をかけたのは、すべて三五郎の弟子の肥後の石工たちであった。

『肥後の石工』（一九六五年）今西祐行

●石橋の名工・岩永三五郎《いわながさんごろう》の秘話

今西祐行の作品で特に有名なのは先の戦争に取材した国語の定番教材『一つの花』（一九七五年）だろう。でも、もっと上の世代に懐かしいのは『肥後の石工』ではあるまいか。

肥後（現熊本県）の岩永三五郎は腕の立つ石工の棟梁である。江戸後期、薩摩（現鹿児島県）に招かれた三五郎は城下の石橋を次々完成させるが、完成後、彼の弟子たちはみな「永送《ながおく》り（暗殺）」となった。城攻めに備えて橋は中央の石を抜くと崩壊するしくみになっており、この秘密を守るため、石工は殺されたのである。

ただ、三五郎だけは人斬りの「徳之島の仁」の温情で斬殺を免れ、浮浪者の首が身代わりに切られた。三五郎は身代わりとなった男の遺児（姉の里《さと》と弟の吉《きち》）を引き取り、石工として育てようとするが……。史実にフィクションをまぶした児童文学には珍しい歴史小説。物語は三五郎の苦悩、石工だった父を殺された宇助《うすけ》や里と吉姉弟の波瀾、徳之島の仁《じん》のその後などをからめてドラマチックに進行する。

やがて村でも橋の建設計画がもちあがり、しばらくぶりに三五郎も仕事を引き受ける。自分はかつて知恵をしぼって、壊すため、人を落とすための橋をかけた。「こんどは人をわたす橋、岸と岸をつなぐ橋ばかけたいとおもうとります」。

こうして完成した石橋は現在も熊本県の緑川水系などに残る。霊台橋、御船川眼鏡橋、通潤橋。そこに三五郎の名は刻まれていないと述べた後、〈しかし、もうひとつつけくわえておかなければならない〉と述べてテキストは大きな飛躍をみせる。〈明治維新になって、新しく東京が首都になったとき、人びとの目にもっとも江戸の町を新しい都、東京らしくしたのは、二重橋をはじめ、日本橋、江戸橋、万世橋、など、どこか西洋風な石のアーチ橋であったという。これらの橋をかけたのは、すべて三五郎の弟子の肥後の石工たちであった〉。

近世の野蛮さから近代の栄光への見事なジャンプ。物語はここで、土木工事の時代の陰に肥後の名工あり、という堂々たる歴史秘話に変わるのである。

岩永三五郎は石橋の名工として知られる実在の人物（鹿児島市の石橋記念公園に石像が建つ）。前進座が舞台化し、全国の学校を巡回したことで、よく知られる作品となった。

●今西祐行（いまにし・すけゆき　一九二三〜二〇〇四）主な作品は『ゆみこのりす』『浦上の旅人たち』『光と風と雲と樹と』など。学徒兵として被爆直後の広島へ救援に行き、自らも被爆。出版社勤務を経て文筆生活に入り、精力的に作品を発表。八〇年代後半から私設の農業小学校を開設。
●出典…岩波少年文庫

いよいよ友蔵に似て来たので、わたしは早々に逃げ出した。

『半七捕物帳』（一九一七〜三七年）岡本綺堂

江戸のシャーロック・ホームズ登場

捕物帳とは、探偵小説と時代小説の特徴を兼ねそなえたジャンルである。その先駆として後世に道を開いたのが、岡本綺堂『半七捕物帳』だ。

〈半七は七十を三つ越したとか云っていたが、まだ元気の好い、不思議なくらいに水々しいお爺さんであった〉。時は明治二〇年代。この老人こそ幕末には岡っ引きだった半七で、物語はのちに新聞記者となる「わたし」が彼の昔語りを再現する形をとる。第一話『お文の魂』の末尾近くで語り手はいう。〈彼は江戸時代に於ける隠れたシャアロック・ホームズであった〉。

明治には岡っ引きの爺さんがまだ生きていて、天保とか嘉永とか安政とかの手柄話を語るという趣向がまず唸らせる。しかも老人は大変親切で、岡っ引き、与力、同心といった警察機構のあらましから、当時の風習、江戸の町々の地誌まで丁寧に説明してくれるのだ。シリーズは中断を挟んで二〇年続き、後の推理小説作家に多大な影響を与えた。

最終話に当たる第六八話『二人《ににん》女房』もいつも通り「わたし」と老人の茶飲み話ではじま

り、〈忘れもしない嘉永二年……〉と語り出される。舞台は甲州街道の府中宿。六所明神の例祭の晩、二人の女性（伊豆屋の女房お八重と、和泉屋の女房お大）が神隠しにあった。話を聞きつけた半七が府中宿を訪ねると、宿の外れで鵜《う》を売るあやしげな男がいる。もともと悪い噂のあった友蔵である。半七は最後にはこの友蔵をお縄にするのだが……。

半七いわく〈お話はもうお仕舞いです〉〈あとはあなたの御想像に任せますよ〉。

明治の今日は警察のやり方もすっかり変わったが、昔は勘がものをいったと語る半七。行方不明になった二人の女房も相当なわけありだった。

ラスト、花見に出かけた「わたし」は府中で、話に出てきた友蔵と同じように鵜を売る男を見る。まさか、あの事件の再来⁉〈いよいよ友蔵に似て来たので、わたしは早々に逃げ出した〉。過去と現在の一瞬の交錯。ワトスン役の「わたし」の去り方もおみごとだ。

イギリス公使館勤めの父を持ち、江戸風の武家屋敷に住み、歌舞伎ファンでもあった綺堂は、英語の本を読み、江戸の芝居も見るという両刀使いの粋人だった。と聞けば、なるほどである。

●岡本綺堂（おかもと・きどう　一八七二〜一九三九）主な作品は戯曲『室町御所』『番町皿屋敷』、小説『三浦老人昔話』など。劇作家を志し、新聞社を転々としながら劇評や劇作に励む。二代目市川左團次と組んで多くの歌舞伎作品を生み、新歌舞伎の路線を定着させた。

●出典…光文社文庫

右端の墓の前には、男雛と女雛の首が供えられてあり、その美しい貌だけが、ほの白く、暮れのこっていた。

『眠狂四郎無頼控』（一九五八年）柴田錬三郎

ビジュアル系のニヒルな剣士

柴田錬三郎『眠狂《ねむりきょう》四《し》郎《ろう》無頼控《ぶらいひかえ》』は映像時代ならではの時代小説だ。ときは「天保の改革」（一八三〇～四四年）で知られる水野忠邦の頃。老中に就任して間もない忠邦と筆頭老中・水野忠成《ただあきら》との争いが絶えなかった。眠狂四郎は忠邦の側頭役・武部仙十郎の命を受けた隠密で……というような設定ではじまる連作短編集。

だが、時代背景はもはや二の次。強烈なのは主人公のキャラである。眠狂四郎はモデル並みのルックスで、天才的な剣の使い手だが、オランダ人のバテレン（宣教師）が棄教させられた復讐に旗本の娘を犯して産ませたという因縁含みの子なのである。

第一話「雛の首」は、狂四郎が生涯の愛を育む美保代と出会う場面にはじまり、狂四郎が忠邦を挑発し、「将軍家拝領の雛の首を断つ勇気がなくて、なんの改革の大志ぞ！」とばかり、雛人形の首を自ら斬ってみせる話である。この人形の首が後に特別な意味を持つのだが、美保代をいきなりレイプするわ、下段で構えた得意の「円月殺法」は出てくるわで、あまりのダーティヒーローぶりに、初手からノックアウトされること必至。

ニヒルでクールなビジュアル系の狂四郎。少女マンガの人気者になりそうなやつだけど、人は殺すし、女は犯すし、濡れ場はあるし……だからな。

そんな狂四郎がついに反省し、死のうと考えるのが最終巻（新潮文庫版の五巻目）だ。忠成側の敵との死闘の末に重傷を負った狂四郎は美保代のもとに帰る。と、彼女は死の床についていた。美保代を看取った狂四郎は、母の墓の隣に妻を葬る。〈右端の墓の前には、男雛と女雛の首が供えられてあり、その美しい貌だけが、ほの白く、暮れのこっていた〉。

女雛は狂四郎の、男雛は美保代の守り神だったとのオチ。第一話を受けた、純愛小説風の美しい幕切れだ。が、狂四郎は不死鳥みたいに復活し、シリーズは以後二〇年近く続くのである。

シリーズ最後の『眠狂四郎異端状』が出版されたのは一九七五年。映画では市川雷蔵や鶴田浩二が、テレビドラマでは田村正和や片岡孝夫（現仁左衛門）らが狂四郎を演じて人気を博した。

●柴田錬三郎（しばた・れんざぶろう　一九一七〜一九七八）主な作品は『剣は知っていた』『剣鬼』『御家人斬九郎』など。第二次世界大戦中、乗船した船が撃沈されるも奇跡的に生還。戦後、『書評』編集長を経て作家生活へ。『眠狂四郎無頼控』は、剣豪小説ブームを生んだ。

●出典…新潮文庫

「早う来ぬと船が出るぞオ」

『柳生武芸帳』（一九五九年）五味康祐

●未解明に終わった「柳生《やぎゅう》一族＝隠密」説

『週刊新潮』創刊号（一九五六年）から連載がスタートした五味康祐『柳生武芸帳』は、同時期に連載されたスタイリッシュな『眠狂四郎無頼控』とはまったく雰囲気が異なる。

正保四年（一六四七年）、唐津藩の二代目藩主・寺沢堅高《てらざわかたたか》の進退を決める評定の席で、疋田陰流を引く兵法者・山田浮月斎が突如、ゆゆしきことを口にした。

「柳生は忍びの術が本体じゃ」

驚愕する一同。柳生家は徳川将軍家のれっきとした兵法指南役である。それが「下賤の術」とされる忍術に通じているとしたら、それは一大スキャンダルだった。

その後の時代小説にも影響を与えた「柳生一族＝隠密」説はこの小説に端を発しているらしい。タイトルにいう「柳生武芸帳」とは、柳生新陰流の免許皆伝者を記した名簿のこと。武芸帳は全部で三巻あり、三巻ともそろえば太平の世をゆるがしかねない重大な秘密が解き明かされるという。かくて物語は一二年前の寛永一二（一六三五）年にさかのぼり、三巻の巻物を奪取すべく、柳生宗矩《むねのり》ひきいる新陰流一門、浮月斎ひきいる疋田陰流一門、さらにはお家の復興を目指す夕姫一行らが入り乱れての死闘がはじまる。なんだけど、この後のストーリーは複雑怪奇で、全貌をつかむのは容易ではない。錯綜する筋。おびただしい数の登場人物。もはやラビリンスワールドだ。
しかもこの小説、じつは未完。五味康祐の死により、途中で終わってしまったのだった。よって巻頭に示された謎の全容は解き明かされず、一二年後に時間が戻ることもない。巻末のエピソードは東海道の富士川近く。道を急ぐ怪しげな旅人たちの動向だ。〈滔々たる早瀬の果ては海へ注ぐ。その大海の遥か彼方に大きな暗雲が速さを増し、次第に拡大してくるのが眺められた。船頭が又喚いた。／「早う来ぬと船が出るぞオ」〉
この先も書き継がれたら、どれほどの大作になったかを、大海に注ぐ川と暗雲が暗示しているかのよう。船頭の声で終わるあたりはしかし、未完でもキマっている。

柳生宗矩は、関ヶ原の戦、大坂冬の陣、夏の陣で活躍し、徳川家康・秀忠・家光の三代に仕えて大名にまで出世した剣の達人。嫡男の柳生十兵衛ともども多くの小説や映画の題材となった。

●五味康祐（ごみ・やすすけ 一九二一～一九八〇）主な作品は『秘剣』『柳生連也斎』『一刀斎は背番号6』など。亀井勝一郎や保田與重郎に師事した後、『喪神』で文壇にデビュー。以後、時代小説作家として活躍し、剣豪ブームを起こした。音楽への造詣も深く、野球・麻雀・占い通でもある。
●出典…文春文庫

髪結い平太郎の嗚咽は、まだ熄《や》まなかった。

『鬼平犯科帳』（一九六八～九〇年）池波正太郎

●罪人のリクルートに長けた平蔵

江戸の特別警察ともいうべき火付盗賊改方。長官の長谷川平蔵は盗賊たちに「鬼の平蔵」「鬼平」と呼ばれて恐れられている。ご存じ、池波正太郎『鬼平犯科帳』。テレビドラマでも映画でもマンガでも大人気となったシリーズである。

捕物帳とはいえ、『鬼平』の主眼は推理より多彩な人間ドラマである。特に印象的なのは盗賊上がりの密偵たちだ。事実上の第一話「浅草・御厩河岸」は、密偵の岩五郎が公務と盗賊時代の兄貴分との間で悩む物語である。平蔵らが密偵たちを使って盗賊団を追う一方、盗賊側も手下を目的の屋敷に奉公人として何年も潜入させるなど、入念な準備をして盗みにのぞむ。敵も味方も知能犯。『鬼平』の世界では流血騒ぎはダサイのである。

第一話のラストは、平蔵が剣友の岸井左馬之助と酒をくみかわす場面である。寿命は五〇歳までだと左馬之助に宣告された平蔵はいった。〈「あと六年か……やることだけはやってのけておくことだな、左馬」〉。これではまるで開幕宣言だ。で、実際、単独の短編だったこの一作から連載はスタートし、文庫版で二五巻（一三五話）のシリーズに成長したのである。

短編小説らしく、どのお話も幕切れは鮮やか。作者の逝去で未完に終わった絶筆の「誘拐」を除くと、ラストが読める最後の一編は「ふたり五郎蔵」だ。盗賊改方の役宅に出入りする「髪結いの五郎蔵」を不審に思った平蔵は、密偵の「大滝の五郎蔵」らを使って探りを入れる。五郎蔵は一味に利用されていた。平蔵は彼を無罪とし、役宅への出入りを認めるが、同名の者が二人いるのは紛らわしい。平太郎と名乗れと命じ、席を立つ平蔵。〈初夏の空は晴れわたって、葉桜が風にそよいでいる。／「町中では、苗売りがながしていような」／ふと、つぶやき、平蔵は居間へ入って行った。／髪結い平太郎の嗚咽は、まだ熄まなかった〉。平太郎（髪結いの五郎蔵）の嗚咽は、感激の嗚咽である。おそらく彼は、平蔵の忠実な手下となるだろう。たくみな人心掌握術。他の密偵たちもみなこうやって籠絡されたにちがいねえ。

長谷川平蔵は実在の人物で、火付盗賊改方在任中には、罪人を更生させる人足寄場（山本周五郎『さぶ』で有名）の創設などに尽力した。実際にも五〇歳で没している（一七九五年没）。

●池波正太郎（いけなみ・しょうたろう　一九二三～一九九〇）主な作品は『剣客商売』『真田太平記』、『仕掛け人・藤枝梅安』シリーズなど。浅草の小学校を卒業後、株式仲買店店員、東京都職員を経て、長谷川伸に師事。新国劇の脚本・演出担当から作家に転じ、その時代小説は絶大な人気を集めた。
●出典…文春文庫

足につかんだ巻物に、甲賀伊賀の精鋭二十人の名は、すべてなかった。

『甲賀忍法帖』（一九五九年）山田風太郎

もはや人間ではなくモンスター

アニメの『忍者ハットリくん』『忍たま乱太郎』からショー・コスギのニンジャ映画まで、いまや日本文化の代名詞にすらなった忍者。しかし、忍者通を気どるなら、山田風太郎の忍法帖シリーズを読まなくちゃ。『甲賀忍法帖』は記念すべきその第一作だ。

慶長一九（一六一四）年早春。駿府城の徳川家康は、二代将軍秀忠の後継者を、秀忠の二人の息子、竹千代にするか国千代にするかで悩んでいた。そこへ側近の僧侶・天海がある秘策を提案する。「されば、忍者をつかわれてはいかがでござる」。

伊賀と甲賀の忍者を竹千代方と国千代方に割り当てて、戦わせてはどうかというのだ。伊賀衆と甲賀衆は服部半蔵のもとに束ねられてはいたが、四百年来の確執があり、ひとたび服部との約定を解かれれば、たちまち死闘に発展するはずだという。

四月末、甲賀のトップの弾正《だんじょう》と伊賀のトップのお幻《げん》が呼びつけられ、巻物に両派の精鋭各一〇名の名を記して血判を押す。「右甲賀十人衆、伊賀十人衆、たがいにあいたたかいて殺すべし。のこれるもの、この秘巻をたずさえ、五月晦日駿府城へ罷り出ずべきこと」。

こうしてはじまる死闘はもう完全なエンターテインメント。精鋭二〇名の忍法は秘技どころではなく、人間業をはるかに超えた、もはやモンスター同士の戦いだ。しかも甲賀と伊賀のトップの二人は昔恋仲だった老人同士。二人の孫同士も婚約中という、ロミオとジュリエットばりの恋愛ネタまで仕込まれている。で、どうなったかは、末尾にしかと書かれている。ラストまで残った二人の最期を見届けて、高く舞い上がる鷹。〈足につかんだ巻物に、甲賀伊賀の精鋭二十人の名は、すべてなかった〉。

ネタバレをするなって？　いやいやいや、こんなのはネタバレのうちに入らない。鷹が運ぶ巻物には名前ではなく何が書かれていたのか。奇想天外な展開の前には史実も吹き飛ぶ。山風忍法帖の幕開けを告げるキッパリとした末尾。並の忍者が物足りなくなること必定でござる。

本作のほか『飛騨忍法帖』『くノ一忍法帖』『江戸忍法帖』『伊賀忍法帖』『柳生忍法帖』など、山田風太郎の忍法帖シリーズは長編だけで二五作以上。アニメ時代の先取りのようだ。

●山田風太郎（やまだ・ふうたろう　一九二二〜二〇〇一）主な作品は『眼中の悪魔』『幻燈辻馬車』『戦中派不戦日記』など。東京医大在学中に『達磨峠の事件』で作家デビュー。推理作家として活躍後、伝奇小説へ路線を変更。数々の忍法小説をヒットさせ、忍法ブームを生んだ。

●出典…講談社文庫

木枯し紋次郎らしき渡世人の行動については、まったく触れられていない。

『木枯し紋次郎』（一九七一～九八年）笹沢左保

虚無的な渡世人の出自とは

あっしには関わりのねえことでござんす――中村敦夫の主演で一九七二年に大ヒットしたドラマの原作、笹沢左保『木枯し紋次郎』は今日、上下巻の傑作選で読むことができる。記念すべき第一話「赦免花は散った」の舞台は天保六（一八三五）年の三宅島。流人の中にさる渡世人がいた。年は三〇歳。左頬に刀傷、口には五寸（一五センチ余）の竹楊枝。上州（群馬県）新田郡三日月村に生まれた無宿者、通称木枯し紋次郎である。兄弟分の罪をかぶって流罪になった紋次郎は、島抜けに誘われる。

一話完結のスタイルで進行する連作短編集だが、ときに出生秘話が挟まる。水呑み百姓の五男に生まれた紋次郎は、親に間引かれそうになったところを一二歳上の姉・お光に助けられて生きのびた。だが、そのお光も紋次郎が一〇歳のときに病死。それを機に、紋次郎も村を出て渡世人となった。幼いころから彼は孤独だったのである。

人の誘いには「あっしは、遠慮させてもらいやしょう」。故郷に戻っても「あっしはここへ、帰って来たわけじゃあねえんで……」。芝居がかってはいるものの、天涯孤独な紋次郎は、飢饉による一揆や打ち壊しが多発し、人心が荒廃した時代にぴたりとハマる。傑作選の最終話「お百度に心で詫びた紋次郎」（一九七七年）で描かれるのは珍しくニヒルではない紋次郎だ。

道中で瀕死の渡世人に伝言を頼まれた紋次郎。たどりついた房州（千葉県）那古村には親切な一家がいて、ここに住まないかという。ふとその気になるも結局は……。

「おいちゃあん！」という子どもの声が響く「シェーン」風のラストの後に口上が続く。〈この後の木枯し紋次郎の足どりは定かでない。天保十一年の房州と上総のあらゆる記録を調べても、木枯し紋次郎らしき渡世人の行動については、まったく触れられていない〉

まるで全巻の完結だが、どのお話も末尾はこんな感じで、以降一九九八年の『最後の峠越え』までシリーズは続くのだ。明日をも知れぬ渡世人、いつでも最終回にできる末尾なんでござんす。

トレードマークは長い楊枝と合羽と笠。群馬県太田市には、紋次郎の故郷・上州新田郡三日月村を模したテーマパーク「紋次郎の里」と「木枯し紋次郎記念館」が開設されている。

●笹沢左保（ささざわ・さほ　一九三〇〜二〇〇二）主な作品は『招かれざる客』『人喰い』『真夜中の詩人』など。郵政省に勤める傍ら小説執筆を続け、三〇代から作家専業に。実験的試みの豊かな本格ミステリーの傑作を次々に発表した。
●出典…光文社文庫

古往今来すべて一色、この輪廻《りんね》と春秋の外ではあり得ない。

『三国志』（一九四六年）吉川英治

日本人好みにアレンジした中国史

『三国志』といったら本来は、三世紀の正史『三国志』か、明代の歴史小説『三国志演義』なのだろうけれど、日本で人気があるのは、新潮文庫版で全一〇巻の吉川英治『三国志』である。横山光輝のマンガもNHKの人形劇もパソコンゲームも原作はこれだ。

〈後漢の建寧元年のころ。／今から約千七百八十年ほど前のことである。／一人の旅人があった〉。この青年こそ、後に蜀漢の初代皇帝となる劉備玄徳《りゅうびげんとく》。〈年の頃は二十四、五。／草むらの中に、ぽつねんと坐って、膝をかかえこんでいた。／悠久と水は行く――〉。

黄河のほとりにたたずむ若者。いかにも大河小説らしい書き出しである。第一巻では劉備が関羽《かんう》、張飛《ちょうひ》と出会って義兄弟の契りを結ぶ「桃園の誓い」から、颯爽たる曹操《そうそう》の登場、黄巾賊《こうきんぞく》の制圧で劉備が手柄を立てるあたりまで。「三顧の礼」で劉備が諸葛亮孔明《しょかつりょうこうめい》を口説くのは第五巻、劉備&孫権《そんけん》の連合軍が曹操軍を破る「赤壁の戦い」が描かれるのは第六〜七巻だ。

最後の第一〇巻はもちろん「五丈原の巻」である。蜀の皇帝となった劉備はすでに亡く、後を託された孔明は五丈原で司馬懿《しばい》率いる魏《ぎ》軍と対決するが、途中で病に倒れ……。有名な「死せる孔明、生ける仲達を走らす」のくだりである。

これだけ壮大な物語の幕が下りるのだ。末尾にも気合が入る。〈渺茫《びょうぼう》千七百年、民国今日の健児たちに語を寄せていう者、豈《あに》ひとり定軍山上の一琴《きん》のみならんやである。「松ニ古今ノ色無シ」相響き相奏《かな》で、釈然と醒《さ》めきたれば、古往今来すべて一色、この輪廻と春秋の外ではあり得ない〉

リーダブルな文章に、ときどきこの種のカッコイイ漢文調の表現が混じるのが吉川三国志。定軍山に葬られた孔明は戦場でも琴を奏でていたことを引き、この世は不変だと。「松ニ古今ノ色無シ」とは「古今の間に優劣はなし」くらいの意味。『演義』ではさらに続く物語を諸葛亮の死で終わらせたのは吉川英治の創意である。『平家物語』風のラストもちょっと日本的だね。

『三国志演義』は、講談社学術文庫全四巻（井波律子訳）、岩波文庫全八巻（小川環樹・金田純一郎訳）などで読むことができる。こちらも血湧き肉躍る波瀾万丈の物語だ。

●吉川英治（よしかわ・えいじ　一八九二〜一九六二）主な作品は『宮本武蔵』『新・平家物語』『私本太平記』など。父の事業失敗などにより家が没落し、船具工や蒔絵工芸家の徒弟、記者など職を転々とした後、作家に。精力的な執筆を続け絶大な人気を博した。
●出典…新潮文庫

狂暴な暗殺魔のために、散る花の如く、散り急いだ秀才偉人の生涯が、いかにも惜しいことに思われる。

『花の生涯』（一九五三年）舟橋聖一

ヒーローとしての井伊直弼《いいなおすけ》

勅許を得ずに日米修好通商条約を締結する、安政の大獄で尊王攘夷派を大量に粛清するなど、幕末の大老・井伊直弼には、非道な独裁政治家のイメージがつきまとう。舟橋聖一『花の生涯』は、その井伊直弼を肯定的に描いた長編小説だ。

直弼はもともと政治嫌いで、茶の湯や学芸の世界に遊んでいたい人だった、というのが『花の生涯』の直弼観。彦根の埋木舎《うもれぎのや》で自由気ままな独身生活をエンジョイしていた直弼は、しかし、諸般の事情で彦根藩主になることを余儀なくされる。ここから彼の数奇な人生がはじまるが、とはいえ物語は、まじめくさった歴史小説の範疇《はんちゅう》を大きく逸脱していく。

直弼が表の主役なら、裏の主役は直弼の腹心・長野主膳とその愛人の村山たか女だ。二人は尊王派の動きを探りつつ、陰に陽に直弼を支えるが、男はみんな好色だし、美貌のたか女は方々でハニートラップをしかけるし、歴史小説にあるまじき艶っぽさ。

一方で、幕末の志士はみな容赦なく斬って捨てられる。桜田門外の変に際し〈知性の薄い、亢奮しやすい頭脳が、この国では熱血漢として珍重されているのも、妙な話である〉と憤《いきどお》る直弼。水戸と薩摩浪士のなぶり殺しに近い暗殺の仕方を〈このような残忍な殺人の方法が、尊王攘夷の美名に保護されて、今日まで寛大にされている〉と嘆く語り手。直弼亡き後〈いつの日か、国際親善の大道はひらけ、大老の冤枉は雪がれようぞ〉と胸にきざんで処刑される主膳。

最後の一文も直弼に対する最大級の賛辞である。ゆかりの女たちの後日談を語り、作中一のヒールである多田一郎が長命だったことを述べた後、語り手は嘆く。

〈それを見るにつけても、狂暴な暗殺魔のために、散る花の如く、散り急いだ秀才偉人の生涯が、いかにも惜しいことに思われる〉

あれほどの権勢を誇った人物を〈散る花の如く、散り急いだ〉と評するのは、さすがに贔屓の引き倒しだとは思うが、明治の世まで生き延びた直弼も見たかった気はする。

NHK大河ドラマ第一作（一九六三年）の原作にもなった歴史小説。主役の井伊直弼を演じたのは二代目尾上松緑。長野主膳は佐田啓二、村山たか女は淡島千景が演じて話題となった。

●舟橋聖一（ふなはし・せいいち　一九〇四〜一九七六）主な作品は『悉皆屋康吉』『雪夫人絵図』『ある女の遠景』など。大学在学中より劇団を結成し、新興芸術派の劇作家として活躍。その後、行動主義を標榜する小説『ダイヴィング』で注目を浴びた。戦後は流行作家として、独自の唯美的世界を確立した。
●出典…祥伝社文庫

（「両雄殉節之碑」は）諸氏が骨を折って建てたものである。

『新選組始末記』（一九二八年）子母澤寛

リアルな新選組は血に飢えたテロ集団

この本なくしては、どんな新選組の物語も生まれなかっただろう。子母澤寛『新選組始末記』は、のちに書かれた『新選組遺聞』（一九二九年）、『新選組物語』（一九三二年）と合わせた「新選組三部作」の最初の一冊である。

書き出しは〈近藤勇《こんどういさみ》の道場は、小石川小日向柳町《こびなたやなぎちょう》の坂の上にあった〉。作者が〈歴史を書くつもりなどはない〉と序文で述べているように、すべてが史実ではないまでも、残された史料や手紙、永倉新八翁ほか当時を知る人々の証言をまじえて描かれた新選組の姿は、物語性を排しているぶん、実像に近いのではないかと思われる。

近藤のなじみの深雪太夫《みゆきだゆう》の弁によれば、〈その頃新選組の人は人を斬る事を楽しみにした位で〉、酒席でも〈今日は誰を斬ったの、明日は誰を斬ろうのと、それはそれは怖い話ばかりでした〉。金は持ってる、カッとなってすぐ人は斬る。近藤勇も土方歳三も芹沢鴨も、後世の物語が描く人間的な姿とはほど遠い。幕府方の特別警察とはいいながら、印象はほとんど刀を持った愚連隊。不良に近い脱藩浪士の集まりにプチ権力を与えた結果がこれだった。

それでも、薩長中心の歴史の中で埋もれていた若者たちに光をあてて供養してやりたいと作者は考えたのだろう。「勇の墓」と題された最終章は、近藤の墓は三か所にあり、東京市下には近藤と土方の「両雄殉節之碑」が建つことを伝えて終わる。〈明治九年四月の建立。松平旧会津侯の篆額《てんがく》で、日野の佐藤彦五郎、土方の実兄粕谷《かすや》良循《りょうじゅん》、近藤勇五郎（勇次郎とある）の諸氏が骨を折って建てたものである〉

味も素っ気もない末尾。もっとも旧会津侯が字を書き、土方の兄、近藤の養子に加え、故郷・日野宿の名主も碑の建立に尽力したのだから、近藤と土方にとってはささやかな名誉だったのだ。

外面観察に徹した結果、浮かび上がるのは、血なまぐさいテロリスト集団の顔である。ここを原点に後世、数々の華やかな新選組伝説が生まれたのが、皮肉といえば皮肉。

昭和初期には、新選組を知る人がまだ存命だった。新聞記者だった子母澤が自らインタビューして集めた幕末の一級史料。三部作の残りの二冊（特に『新選組物語』）は物語性が高い。

●子母澤寛（しもざわ・かん　一八九二～一九六八）主な作品は『勝海舟』『父子鷹』など。彰義隊員を祖父に持ち、新聞記者時代から幕末・維新史に関する著作を発表。『国定忠治』の成功を契機に作家専業となり、股旅物などの大衆文学で広く活躍した。
●出典…中公文庫

微笑を浮かべつつ、利休は未知の国へ立ち去った。

『茶の本』（一九〇六年）岡倉天心

日本文化の優位性を語った芸術論

〈茶のはじまりは薬用であり、のちに飲料となった〉。そんな一文から、岡倉天心『茶の本』は書き出される。原題は『ザ・ブック・オブ・ティー』。ボストン美術館の中国・日本部の顧問だった天心は、英文でこれを執筆し、本もニューヨークで出版された。

中国にはじまる茶の歴史をひもとき、道教や禅の思想と茶の湯の関連を論じ、茶室のデザインを語り、生け花の極意を語り、芸術を鑑賞する態度について云々する。西洋人に東洋の文化を伝える体裁をとりながら、西欧文明をチクリとやることも忘れない。室内を博物館みたいに飾りたてる西洋の館にくらべ、簡素なるわが茶室のすがすがしいこと。花の頭部だけをごちゃごちゃ花瓶に入れる西洋にくらべ、床の間の花一輪の配置に自然を仮託するわが生け花の繊細なこと。日本の読者は「そーだ、そーだ」の思いを強くするだろう。

西洋人は自分の宗教や文化は押しつけても、東洋の文化を受けとろうとしない。唯一、東西の文化が結節したのが茶だったと天心はいう。ときは日露戦争の直後。〈西洋人は、日本が平和のおだやかな技芸に耽っていたとき、野蛮国とみなしていたものである。だが、日本が満州の戦場で大殺戮を犯しはじめて以来、文明国と呼んでいる〉などの言葉には、西欧列強の覇権主義とそれに迎合する日本への苦言が含まれていよう。

最終章「茶の宗匠たち」は、秀吉に切腹を命じられた千利休の話である。最後の茶会の後、死に装束の利休は辞世の句を詠む。〈来れ、汝／永遠の剣よ！／仏陀を殺し／達磨を殺し／汝は汝の道を切りひらきたり〉。そして〈微笑を浮かべつつ、利休は未知の国へ立ち去った〉。

まるで小説の末尾である。しかし、天心はなぜこの場面を一書の最後に置いたのか。死の美学を説く武士の心得を排し、茶こそが「生の術」だと語っていたのに。

どうやらそれは自身の境遇に関係しているらしい。美術史家として当初は重用された天心も、このころは西洋礼賛派に敗北しつつあった。自らの悲運を悲劇の茶人に重ねたラスト。「微笑」の一語に意地がこもる。

天心が土台を築いた重要な仕事のひとつは文化財保護である。天心が発案した古美術保存の方針は「現状維持修理」。この思想は現在も受け継がれ、国宝修復の際などの基準となっている。

●岡倉天心（おかくら・てんしん　一八六三～一九一三）主な作品は『東洋の理想』『日本の覚醒』など。幼時から英語に熟達し、フェノロサの通訳で頭角を現し、一七歳で東大を卒業。文部省官吏となり、東京美術学校長を経て日本美術院を創設。欧米、中国、インドを遊歴し、ボストン美術館顧問も務めた。
●出典…講談社学術文庫（桶谷秀昭訳）

闘争好きを除いた日蓮、これが私どもの理想とする宗教者であります。

『代表的日本人』（一九〇八年）内村鑑三

世界に通じる五人を熱烈紹介

新渡戸稲造は『武士道』で日本の精神文化を語り、岡倉天心は『茶の本』で日本の美意識を書いた。同じ頃、同じように英文で執筆されたのが内村鑑三『代表的日本人』である。

西欧社会に日本を紹介するにあたり、内村が「代表的日本人」に選定したのは、敬愛する五人の先人だった。新日本の創設に献身した西郷隆盛。理想的な封建領主ともいうべき米沢藩主・上杉鷹山。農村改革で窮民を救った二宮尊徳。「村の先生」として尊敬を集めた中江藤樹。そして鎌倉時代の闘う仏僧・日蓮上人。日本史のスターとは微妙にズレる。

「なぜこの人選？」という疑問はやがて解ける。札幌農学校時代にキリスト教に改宗し、三年あまりのアメリカ留学を経験した内村は、彼ら五人に私利私欲を捨てたキリスト者に通じる精神を見ているのである。〈西郷の偉大さはクロムウェルに似ていて、ただピューリタニズムがないためにピューリタンといえないにすぎないと思われます〉とかね。

とりわけ内村の筆が熱を帯びるのは、時代的にはもっとも古い日蓮について書かれた最終章だ。日蓮と一六世紀ドイツの宗教改革者を重ねて彼は書く。〈首府を訪れた一人の田舎僧侶の目には、あたかもローマを訪れたルターのように、目に見るもの、耳にする教え、ことごとく異様でした〉。そしてルターが聖書に回帰したように、日蓮は法華経にたどりついた。彼はまたユダと日蓮を重ねる。〈日本では日蓮のように、非難中傷を山ほどあびせられた人はいません〉と。にもかかわらず没後、多くの信徒を獲得した日蓮。ラストは熱烈なラブコールである。〈闘争好きを除いた日蓮、これが私どもの理想とする宗教者であります〉。

内村が日蓮に過剰な思い入れを示すのは、無教会派を名乗った自身の宗教観とも重なるところがあったからだろうか。日清戦争時には「義戦」を信じ、日露戦争では「絶対非戦論」に転じた内村。ナショナリストなのかコスモポリタンなのか、はっきりしない部分を含みながらも強引な断定の仕方が妙に気持ちいい。

外遊経験者は日本贔屓になりやすい。新渡戸著、岡倉著、内村著にもその気はあるが、当時の日本は野蛮な国と見られていた。国際社会に通用する日本を紹介したいとの思いも無視できまい。

●内村鑑三（うちむら・かんぞう　一八六一～一九三〇）主な作品は『基督信徒のなぐさめ』『求安録』『余は如何にして基督信徒となりし乎』など。アメリカ留学から帰国後は、教職についたものの「不敬事件」でクビとなり、他校で教鞭をとりながら著作活動で文名を高めた。『萬朝報』の主筆に迎えられるも、その後退社。後半生は無教会主義を唱えた。
●出典…岩波文庫（鈴木範久訳）

もはやこときれ遊ばしました。

『出家とその弟子』（一九一七年）倉田百三

●親鸞《しんらん》の息子はバカ息子

倉田百三『出家とその弟子』。といっても、なーにそれ、って人が多いかもしれない。だがこれは大正〜昭和戦前期のベストセラー。とりわけ旧制高校生には必読の書であった。

六幕の戯曲のかたちで仕立てられたこの作品は、浄土真宗の開祖・親鸞と『歎異抄』の著者と伝えられる弟子の唯円《ゆいえん》を中心に展開する。

親鸞には善鸞という息子がいたが、こいつが困った放蕩息子で、ある奥方との恋愛沙汰のあげくに彼女を死なせ、父に勘当されたいまは遊女と遊蕩にふけっている。この父子の不仲をたいそう気に病んでいるのが、親鸞の弟子の唯円だった。幼き日、彼は一夜の宿を乞うた親鸞にひどい仕打ちをした父を親鸞が許す場面を目撃していた。「お師匠様、善鸞様に遇ってあげて下さい」「あなたは厳し過ぎます。あの方にだけ酷過ぎます」。

さて、その唯円が遊女のかえでに恋をした。かえではしかし、自分は汚れた体だから唯円の求愛に応えられないという。しかも先輩の僧たちには「法か恋かを選べ」と迫られ……。

親子の確執。師弟愛。信仰と恋愛の板挟みになった若き僧。設定は鎌倉時代のはずだが、登場する人々の内面は完全に近代人。「悪人正機説」に基づいているといわれるが、発想はむしろキリスト教に近く、物わかりのいい親鸞は恋愛の教祖のよう。仕方がないか。戦前のインテリ青年は、恋に性欲に学業に悶々と悩んでいたのだ、唯円みたいに。
ラストは一五年後、九〇歳になった親鸞の臨終の場面である。唯円の懇願に応じ、親鸞は善鸞とついに会うことを承諾する。「わたしは悪い人間です」と語る息子に父はいう。「ゆるされているのだよ。だあれも裁くものはない」。瀕死のわりには長々しゃべって「なむあみだぶつ」と唱える親鸞。直後、侍医のひと言で幕は閉じる。「もはやこときれ遊ばしました」。そ、そこで終わるんだ。もちょっと愛想のある終わり方はできなかったのか。物語より議論の中身で読ませる人生相談みたいな本。作者二六歳の、ま、青春の書である。

「宗教か恋愛か」「父と子の和解」は万国共通のテーマともいえ、『出家とその弟子』は世界各国で翻訳された。フランス語版にはロマン・ロランが序文を寄せている。

●倉田百三（くらた・ひゃくぞう　一八九一〜一九四三）主な作品は論文集『愛と認識との出発』『絶対的生活』、戯曲『俊寛』など。旧制一高に入学するも病のため中退、生涯の多くを闘病にすごす。求道的な文学者として出発し、社会問題にも関心を寄せたが、満州事変前後から日本主義に傾倒。
●出典：新潮文庫

彼らの主権者の冠を破砕せよ。
而して復讐の冠を以て、その頭《こうべ》を飾らしめよ。

『谷中村滅亡史』(一九〇七年)荒畑寒村

企業と政府への渾身の一撃

「公害の原点」と呼ばれる足尾鉱毒事件は、田中正造(一八四一〜一九一三)の名とともに私たちの胸に刻まれている。『谷中村滅亡史』はその田中正造の依頼を受け、弱冠二〇歳(若い!)の荒畑寒村が一気に書き上げた迫真のドキュメンタリーである。

〈谷中村をして今日あらしめたる、当面の問題は即ち瀦水池《ちょすいち》にありといへども、実はその因を遠く鉱毒問題に発せるなり〉。明治の文語文はとっつきが悪いけど、本書のような報告と告発を目的とした書にはぴったり。

古河財閥が経営する足尾銅山から出た鉱毒は、渡良瀬川の魚を死滅させ、山林を丸裸にし、雨が降れば大洪水となって、渡良瀬川と利根川流域の農民に多大な被害をもたらした。被害民の訴えは受け入れられず、代議士としてこれを告発し続けた田中正造は、ついに議員を辞職し、天皇に鉱毒問題解決を迫る直訴に及ぶ。

栃木県の南部に位置する谷中村は肥沃な土地であったが、耕作不能となって反鉱毒運動に発展。やがて政府は鉱毒問題を治水問題にすりかえて村民を強制移住させるに至った。そこまでの一部始終を、寒村は悲憤慷慨《ひふんこうがい》にみちた筆でつづる。〈あゝ事遂に爰に至る、今は進むも死、退くもまた死なり〉〈されば見よ、彼らの人民を追はんとせる、その手段のいかに陰険を尽し、陋劣を極めたるかを〉

この書はしかし、出版と同時に即発禁処分となった。原因は不穏当な末尾にあったらしい。〈あゝ悪虐なる政府と、暴戻なる資本家階級とを絶滅せよ、平民の膏血を以て彩られたる、彼らの主権者の冠を破砕せよ。而して復讐の冠を以て、その頭を飾らしめよ〉

谷中村が強制廃村に追い込まれたのは一九〇七年。同時代の事件だけに、寒村の筆は当然、企業と政府への批判に向いた。田中は「少し芥子《からし》がきき過ぎましたね」と述べたという。たしかにこれではルポというよりアジテーションだ。それでも迫る熱い思い。渾身の一撃である。

いま読むと福島や沖縄にも思いをいたさざるを得ない本。毒を薄める調整池の犠牲となった村の記憶は、渡良瀬遊水池の敷地内にある「旧谷中村遺跡」に、わずかにとどめられている。

●荒畑寒村（あらはた・かんそん　一八八七〜一九八一）主な作品は『艦底』『光を掲ぐる者』『寒村自伝』など。幸徳秋水、堺利彦らの社会主義思想に共鳴して平民社に参加。次第に労働組合運動に傾倒し、共産党、社会党の結成に関わり、衆議院議員に二回当選するも離党。晩年は文筆業に専念した。
●出典…岩波文庫

人間の問題を解き放つ水路を開くために、尽きせぬ泉がそこにあるとわたしは考える。

『南方熊楠』（一九七八年）鶴見和子

日本のソローに光を当てて

出版界で南方熊楠《みなかたくまぐす》ブームが起こったのは九〇年代のはじめ頃だった。鶴見和子『南方熊楠』はそれに先行する本である。副題は「地球志向の比較学」。柳田國男とともに〈日本の民俗学の草創者〉でありながら、〈この二人は、その学問の方法においても、その思想的出自と経歴においても、いたく対照的なのである〉とは「まえがき」の一部である。

植物学にも民俗学にも通じ、粘菌の研究などで知られる南方熊楠（一八六七〜一九四一）。一九歳で渡米し三三歳で帰国するまで、一四年間をアメリカやイギリスですごした彼はしかし、大学にも行かず、学位もとらなかった。帰国後は紀州和歌山をほとんど出ず、〈自分で本を読み、本を写し、植物を採取し、観察し、文章を書いて、生涯を終えた〉。でも、いや、だからこそ彼の学問は権威に縛られることなく、独自の道を開いたのだと和子はいう。

彼女が特に強い共感と関心を示すのは、熊楠が唯一実践的に活動した「神社合祀反対運動」である。神社は原則として一村に一社とし、ほかの神社は廃止せよという明治政府の勅令に、熊楠は敢然と反対した。そんなことをしたら鎮守の森が消え、生態系が破壊されて、人心も荒廃するではないか、と。今日でいうエコロジーの思想である。熊楠の時代はもちろん、本書が書かれた七〇年代の日本でも、その語と思想はさほど知られていなかった。

副題にいうとおり、和子の筆は、地球規模の比較論へと広がり、「南方熊楠の現代性」と題された最終章では、熊楠を〈二十世紀の日本のソロー〉と呼ぶ。〈ソローは、わたしがもっとも尊敬する十九世紀アメリカの思想家である〉。知識の量ではむしろ熊楠のほうが上だし、〈思想性においては、南方はソローに匹敵する〉と。

熊楠への思いは、自らも戦前に渡米し、比較社会学者として枠にとらわれない仕事を続けた和子自身とも重なるところがあったからか。熊楠の入門書として今日も最良の一冊。〈今、日本で起こっている、そして地球上で起こっている、人間の問題を解き放つ水路を開くために、尽きせぬ泉がそこにあるとわたしは考える〉というラストにすべての思いがこもる。

ソロー（一八一七～一八六二）は、森での自給自足の経験をつづった『森の生活』（一八五四年）などで知られるナチュラリスト。俗世間と隔絶した生活を送った点も熊楠と共通する。

●鶴見和子（つるみ・かずこ　一九一八～二〇〇六）主な作品は『社会変動と個人』『南方曼陀羅論』など。一九四一年、アメリカで哲学修士号を取得。弟の哲学者・鶴見俊輔と『思想の科学』を創刊。柳田國男や南方熊楠らの民俗学を継承しつつ、独自の内発的発展論を唱えた。

●出典…講談社学術文庫

「日本を滅ぼした長州の憲法」の終焉を告げる総選挙でもあった。

『落日燃ゆ』（一九七四年）城山三郎

A級戦犯・広田弘毅《こうき》の数奇な人生

東京裁判で絞首刑となった七人のA級戦犯のうち、唯一の文官であった広田弘毅。城山三郎『落日燃ゆ』はその広田の生涯を描いた長編小説である。

〈昭和二十三年十二月二十四日の昼下り〉、すなわち七人が処刑された翌日から小説は書き出される。火葬場の隅の捨てられた骨灰を拾い集める男たち。後日、この骨灰は七等分されて遺族の手に渡るが、広田の遺族だけは引き取りを断った。

え、なぜなぜ？　という冒頭からもう引き込まれる。

福岡の中学から一高、東大を経て外交官となった広田の信条は「自ら計らわぬ」「風車、風の吹くまで昼寝かな」。外務省の華やかな雰囲気になじまぬ彼は五〇歳すぎまで野心とは無縁の人だった。だが、内外の難しい局面が彼を政治の世界に引き寄せた。満州事変後、外相として入閣。二・二六事件で岡田啓介内閣が総辞職した後は、首相に就任する。

日本が戦争に向けて突き進んでいった時代である。「統帥権の独立」を錦の御旗に専横をきわめる軍部と、協和外交を主張する広田とのせめぎ合いが最大の読みどころ。もうひとつ興味深いのは外務省の同期だった吉田茂との対比である。敗戦後、広田が巣鴨拘置所に送られた頃、吉田は幣原喜重郎《しではらきじゅうろう》内閣の外相として占領軍との交渉に手腕をふるっていた。
広田弘毅の評価は必ずしも定まってはいないが、和平を唱え続けた文官という広田のイメージは、この本によるところが大きい。作者の思いが特に強く打ち出されているのは末尾である。広田らが処刑された一二月二三日、吉田首相は国会を解散、総選挙に打って出た。〈その総選挙はまた、新憲法公布下の最初の総選挙である。／「日本を滅ぼした長州の憲法」の終焉を告げる総選挙でもあった〉という文章でテキストは閉じられる。「統帥権の独立」の条項が入った大日本帝国憲法を広田は憎んでいた。最後の最後で「長州の憲法」にきっぱり引導を渡したのは、広田ではなく著者の思いの発露であろう。

絞首刑の直前、戦犯らが「天皇陛下万歳」を唱える横で広田が「今、マンザイをやってたんでしょう」と訊いたという話も登場。真偽は不明だが、広田の気分を伝える逸話ではある。

●城山三郎（しろやま・さぶろう　一九二七～二〇〇七）主な作品は『総会屋錦城』『官僚たちの夏』『男子の本懐』など。海軍特別幹部練習生として終戦を迎える。経済学の知識をベースに、企業や組織における多彩な人間模様を描いた。経済小説にくわえて、本書のような伝記小説も数多い。
●出典…新潮文庫

5 犯罪のあとさき

「犯人は誰？」の興味を超えた、ミステリーと超ミステリー。

わたしがペンをおき、わたしの告白に封印するときこそ、またかの不幸なるヘンリー・ジーキルの生涯の幕を閉じるときなのである。

『ジーキル博士とハイド氏』（一八八六年）スティーヴンソン

二重人格？　薬物による殺人？

ジーキル＆ハイドは今日、二重人格の代名詞である。ただし、二人が同一人物であることは、おしまい近くまで伏せられている。ミステリーなのに世界中の人が結末を知っている物語、それがスティーヴンソン『ジーキル博士とハイド氏』なのだ。

舞台はロンドン。探偵役のアタスン弁護士は、友人のジーキル博士が醜悪な青年ハイドの面倒をみていることに不審を抱き、ハイドの秘密を探りはじめる。「あいつが〝隠れ役《ミスタ・ハイド》〟なら、おれは〝捜し役《ミスタ・シーク》〟になってやる」。やがて起きる殺人事件。犯行を目撃されたハイドは行方をくらませるが……。

結末はわかっていても、謎は残る。ひとつは二重人格説への疑問である。ジーキルは自ら発明した薬の力でハイドに変身しては快感を得ていたが、徐々にジーキルに戻るのが難しくなる。禁断症状に悩むジーキル／ハイド。この薬は麻薬かアルコールを思わせる。それははたして「二重人格」なのか。もうひとつはジーキル／ハイドの死の謎だ。最終的にアタスンはハイドの自殺死体を見つけるが、「ヘンリー・ジーキル博士の死亡、または行方不明の際まで開封せざること」と記されたジーキル博士の手記にはこう書かれていた。

自分はいま、最後に残ったわずかな薬の力でこれを書いている。いまから三〇分後にわたしがハイドになったらもう戻れないだろう。〈これから後に起こることはわたし以外の者に関することである。されば、わたしがペンをおき、わたしの告白に封印するときこそ、またかの不幸なるヘンリー・ジーキルの生涯の幕を閉じるときなのである〉。ここで小説は終わる。

手記を読む限り、自殺したのはハイド。つまりハイドがジーキルを殺したのであって、それはジーキルにとっては不本意な最期だったのだ。〈「かれ」とわたしは言う。どうしても「わたし」とは言えないのだ〉と語るジーキル。変身願望からはじまった悲劇。いま読むと、覚醒剤などによる犯罪者を思わせる。薬物で、いや飲酒で別人格になる人はご用心！

原作を読むと「ジーキルに戻れなくなったハイドが絶望して自殺した」という筋の紹介も「人間の心に潜む善と悪の葛藤を描く」という解釈にも違和感が残る。ミステリアスな怪奇小説だ。

●ロバート・ルイス・スティーヴンソン（一八五〇～一八九四）主な作品は『新アラビア夜話』『宝島』、エッセイ『若き人々のために』など。イギリスの作家。名文家として知られ、小説から詩、評論、旅行記まで、さまざまな分野で健筆をふるった。南太平洋サモア諸島で没。

●出典…新潮文庫（田中西二郎訳）

我はわが家に秘した多くの財宝を眺めつつ自らを讃えようといったローマの守銭奴みたいにね。

『緋色の研究』（一八八七年）コナン・ドイル

名コンビが誕生した瞬間

アフガニスタンで負傷し、ロンドンに戻って無為な日々をおくる元軍医のジョン・H・ワトスン博士のもとに、ルームシェアの相手として現れたシャーロック・ホームズ。彼は初対面のワトスンの経歴をいいあてた。――コナン・ドイル『緋色の研究』は、ご存じ、シャーロック・ホームズのシリーズの記念すべき第一作である。

二人がベーカー街二二一番Bで共同生活をはじめてまもなく、手紙が届く。難事件捜査の助力をしてほしいというグレグスン刑事からの依頼だった。化学には滅法強いが文学や哲学の知識は皆無のホームズは、捜査に行きづまった警察に協力する顧問探偵だったのだ。現場に同行したワトスンはホームズの天才的な捜査能力に驚嘆し、事件は解決に向かうが……。

事件の顚末もさることながら、この作品の妙味はホームズの初々しさだろう。事件の解決後、役立たずのグレグスン刑事とレストレード刑事に手柄を横取りされたホームズはぼやく。〈肝心なのは世間の人に、なにかを為したと信じさせることだけだ。でもまあいいや〉。〈君の功績はひろく公表して、一般に認められてしかるべきだろう。（略）僕がかわってペンをとってもいい〉と語るワトスンに、ホームズはその日の新聞を差し出した。そこには無能な刑事を讃え、ホームズを素人探偵呼ばわりする記事が載っていた。

ラストはワトスンの言葉である。〈「いいじゃないか」と私は答えた。「僕は事件をみんな日記につけているから、やがて世間の人に発表してやるよ。それまではまあ、成功したんだという意識だけで満足しておきたまえ。――世間の奴らは我を非難する。だが我はわが家に秘した多くの財宝を眺めつつ自らを讃えようといったローマの守銭奴みたいにね」〉

そして、ワトスンはホームズの功績を記録し、伝える人になった。最後の一文は古代ローマの詩人ホラティウスの箴言。文学音痴のホームズに向けて、あえて放った名文句である。孤独だった探偵と記録者の友情が固まった瞬間で幕。名コンビはこのとき誕生したのである。

第一部はワトスンの回想録。第二部では舞台をアメリカ西部に移して事件の背景が描かれる。ホームズが無教養という説はワトスンの観察によるもので、後には覆されているらしい。

●アーサー・コナン・ドイル（一八五九〜一九三〇）主な作品は「ホームズ」シリーズに加えて、『勇将ジェラールの回想』『失われた世界』など。イギリスの作家。医師として開業するもうまくいかず、生活のためにホームズ物を執筆。これが大ヒットし、推理小説分野の古典となった。このほか、歴史小説や科学小説でも傑作を残した。

●出典…新潮文庫（延原謙訳）

事件の真相についての説明も終わりましたので、わたしはそろそろ退場するとしましょう……

『オリエント急行の殺人』（一九三四年）アガサ・クリスティー

幕切れも芝居のような推理劇

イスタンブールからカレーへ向かう豪華大陸横断列車、オリエント急行。列車は途中で雪に閉じ込められて立ち往生する。その列車のコンパートメント内で起こった殺人事件。被害者はアメリカ人の金持ちラチェットで、遺体には一二か所もの刺し傷があった！

アガサ・クリスティー『オリエント急行の殺人』。名探偵エルキュール・ポアロが活躍するシリーズの中でも、特によく知られた一冊である。

雪で止まった列車は密室。列車には多彩な国籍と階層の人々が乗っている。たまたま乗り合わせたポアロは鉄道会社重役である友人のブークに頼まれ、医師のコンスタンティンとともに真相の解明に乗り出すが、一二人の乗客にはみなアリバイがあった。

推理の過程で表面化するのは、過去の幼女誘拐殺人事件である。犯人はラチェットだったが、彼は無罪になり、名前を変えてのうのうと暮らしていたのである。すると今度の事件は、ラチェットへの復讐をねらった人物の犯行？　犯人はいったいだれ？

有名な作品だから、結末を知っている人も多いだろう（でも、初読のときは驚きます）。

最終章でポアロは乗客全員を集めて演説する。「この事件には二つの解決法が考えられます。いまからその二つをみなさんにご披露して、ここにおられるムッシュー・ブークとコンスタンティン先生に、どちらの解決法が正しいかの判断をお願いしようと思います」。事件の「真相究明」ではなく「解決法」である点にご注意。彼が「解決法」として示したのは、外部犯行説と乗客犯行説だった。ブークも医師も片方の説に賛成する。

〈「それでは」ポアロは言った。「事件の真相についての説明も終わりましたので、わたしはそろそろ退場するとしましょう……」〉

芝居の終幕みたいな幕切れだが、この事件自体が、そう、列車を舞台にした一種の大芝居なのである。大人の世界では、しばしば「真相」よりも「解決法」が優先されるってことで。

『アクロイド殺し』（一九二六年）と並んで意表を突く作品。結末を知って読み直すとまた別の発見があるのが魅力。乗客全員が芝居上手で、たいへん演劇的なことに気づかされる。

●アガサ・クリスティー（一八九〇〜一九七六）主な作品は『ナイルに死す』『そして誰もいなくなった』、戯曲『ねずみとり』など。イギリスの作家。第一次世界大戦中に篤志看護師として働く傍ら執筆をはじめ、ベルギー人探偵ポアロ・シリーズで不動の地位を築く。老嬢探偵ミス・マープルなど、ポアロ以外の探偵も有名。
●出典…ハヤカワ文庫（山本やよい訳）

サムとブルーノは、その最後の証拠品を凝視していた。

『Xの悲劇』（一九三二年）エラリー・クイーン

ダイイング・メッセージが語るもの

エラリー・クイーンとは、マンフレッド・リーとフレデリック・ダネイの合同の筆名。ふたりはいとこ同士であり、数多くの推理小説を合作した。わけてもよく知られるのは名探偵ドルリー・レーンが活躍する『Xの悲劇』ほか四部作だろう。

ドルリー・レーンはシェークスピア劇を得意とする舞台俳優だったが、聴力を失い、六〇歳を前に舞台を引退した。物語は「ハムレット荘」と名づけられたレーンの家を、サム警部とブルーノ地方検事が訪ねるところからはじまる。

ニューヨークの市電の中で起きた殺人事件。被害者のロングストリートは株式仲買人。自身の婚約披露の会の後、彼は出席者とともに飛び乗った電車の中で倒れ、絶命した。彼の上着のポケットには五十数本の縫い針を刺したコルクの玉が入っていた。針の先にはニコチンの毒液が塗ってある。これが凶器だった。そんなものをいつ誰が彼のポケットに入れたのか。話を聞いたレーンは犯人はもうわかったというが、やがて第二、第三の悲劇が起こる。

レーンは抜群の頭脳の持ち主で、読唇術ができ、元俳優だから変装だってお手のものだ。

一方、犯人も変装の名人で、これが事件をややこしくする。

『Xの悲劇』は今日の推理劇でもおなじみの「ダイイング・メッセージ」を意識的に用いた先駆的な作品として知られる。ローカル線の中で起きた第三の殺人で、遺体は左手の中指と人さし指を重ね、何かの印をつくっていた。レーンは推理する。〈重ね合わせた指にいちばんよく似ている図形的記号は、あきらかにXではありませんか！〉

そして最後の一文は……おっと、残念。それは明かせません。謎解きのすべてが最後の一文に思いっきり凝縮されているからだ。仕方がないので直前の部分を。

〈サムとブルーノは、その最後の証拠品を凝視していた〉

さて、二人が凝視した証拠品とは何だろう。ううむ、これが「X」の正体か。若い読者には意味不明かもしれないな。だっていまの電車は……いかんいかん、これ以上はないしょ。

トリックや謎解きそのものを主眼とする「本格ミステリー」に属する作品。ドルリー・レーンが探偵を務める四部作は、他に『Yの悲劇』『Zの悲劇』『レーン最後の事件』がある。

●エラリー・クイーン：フレデリック・ダネイ（一九〇五〜一九八二）、マンフレッド・ベニントン・リー（一九〇五〜一九七一）。主な作品は『ローマ帽子の謎』『中途の家』『間違いの悲劇』など。ともにアメリカの作家。ダネイとリーはいとこ、プロットとトリックをダネイが、執筆をリーが担当した。エラリー・クイーンは物語の名探偵の名前でもある。

●出典…創元推理文庫（鮎川信夫訳）

「わかった、中に入れてくれ」

『マルタの鷹』（一九三〇年）ダシール・ハメット

ハードボイルドはここからはじまった

ダシール・ハメット『マルタの鷹』はハードボイルドの先駆とされる作品だ。私立探偵のサム・スペードは紳士とも謎解きの天才とも異なるタイプ。なにせ登場シーンがこれである。〈スペードは、エフィ・ペリンに声をかけた。「なんだい、スウィートハート」〉

エフィ・ペリンは探偵事務所の秘書である。「女のひとが、あなたに会いたいそうよ」。客は美女らしい。「通してくれ、ダーリン。すぐにだ」。

こういう会話に心酔できる人こそハードボイルドの望ましい読者である。

その日、彼のもとを訪れたのはあやしい女性。妹を探してほしいという。相棒のマイルズ・アーチャーが尾行に出るが、マイルズは尾行中の男ともども射殺されてしまった。依頼者の話はデタラメで、じつはスペイン国王の秘宝「マルタの鷹」の争奪にかかわっていたのである。

エフィ・ペリン、依頼者のブリジッド・オショーネシー、さらに相棒マイルズの妻アイヴァ・アーチャーという三人の女性の共演が、この小説の見どころであろう。スペードはアイヴァと不倫関係にあるばかりか、ブリジッドとも不適切な関係になっちゃうわけで。

とはいえ非情な探偵は簡単には陥落しない。ラスト近くでマイルズ殺しの真犯人を警察に突き出したスペード。月曜の朝、オフィスに行くとエフィの冷たい視線が待っていた。〈「あなたが、あのひとを引き渡したのね、サム」／スペードはうなずいた。「きみのサムは探偵さんなんだ」〉。次の瞬間、スペードの顔は蒼白になる。ドアの取手が鳴ったのだ。「アイヴァよ」。〈「そうか」体をふるわせた。「わかった、中に入れてくれ」〉。

秘書との会話ではじまり、秘書との会話で終わる構成。嵐の前の一瞬の静けさをとらえたラストである。何気ない一言だが、扉を開ければ面倒な女性とのやりとりが待っている。冷たくされても、扉のこちら側にいるエフィだけが、彼にとっては味方なのだ。でも、秘書の腰を抱いたり頭をなでたりするのは、現代ならセクハラです。真似しないよーに。

ハードボイルドとは感情表現を混じえず、外部から観察できる事実だけで構成された小説のこと。ハンフリー・ボガートが演じた映画も、サム・スペードのイメージに一役買ったといわれる。

●ダシール・ハメット（一八九四～一九六一）主な作品は『デイン家の呪い』『ガラスの鍵』『影なき男』など。アメリカの作家。一三歳で学校を中退、職を転々とした後、二〇歳でアメリカ屈指の探偵会社に勤める。そのときの経験を活かした『血の収穫』が大反響を呼んだ。ハードボイルドの始祖と評される。

●出典：ハヤカワ・ミステリ文庫（小鷹信光訳）

警官にさよならをいう方法はいまだに発見されていない。

『長いお別れ』（一九五三年）レイモンド・チャンドラー

「ギムレットには早すぎる」って？

フィリップ・マーロウは、ロサンゼルスの私立探偵。レイモンド・チャンドラー『長いお別れ』はシリーズの中でも最高傑作といわれる長編だ。

マーロウがはじめてテリー・レノックスに会ったとき、彼はロールス・ロイスの中で酔いつぶれていた。やがて二人は意気投合するが、ある日、レノックスがマーロウに助けを求めてきた。億万長者の娘である妻が惨殺され、警察に追われているらしい。

友の潔白を信じたマーロウは逃亡を助けるが、自分は厳しい追及にあい、留置所にぶちこまれる。ようやく釈放されたとき、マーロウは信じがたい事実を知らされる。レノックスはメキシコで自殺した！

物語は二転三転するが、『長いお別れ』は数々の名場面や名台詞でも知られている。

「アルコールは恋愛のようなもんだね」はバーでのマーロウとレノックスの会話の一部。〈さよならをいうのはわずかのあいだ死ぬことだ〉はマーロウがさる女性と別れた後の感慨。

有名なあの一言は、物語の最終盤に登場する。マーロウはその日、メキシコからの来訪者に会っていた。マイオラノスと名乗る来訪者は、レノックスの死の真相を知っているという。男はふいに口にした。「ギムレットにはまだ早すぎるね」。

直接的な意味は「まだバーが開く時間ではない」だろうけれど、マーロウとレノックスにとってギムレットは特別な酒だった……。マーロウは男に別れを告げる。「さよなら、マイオラノス君。友だちになれてうれしかったぜ――わずかのあいだだったがね」。

〈私はその後、事件に関係があった人間の誰とも会っていない。ただ、警官だけはべつだった。警官にさよならをいう方法はいまだに発見されていない〉

どうです、このヒネった落とし方。ハードボイルド小説だから、ニヒルぶってますけどね。心の中ではマーロウ、号泣してるのよ。ひとつの友情がはじまって終わるまでの物語。マーロウにさよならをいう方法はまだ発見されていない、な男たちが多いはずである。

新訳（『ロング・グッドバイ』二〇〇七年）を手がけた村上春樹は、この作品はフィッツジェラルド『グレート・ギャツビー』を下敷きにしたのではと述べている。興味深い説である。

●レイモンド・チャンドラー（一八八八～一九五九）主な作品は『大いなる眠り』『さらば愛しき女よ』『プレイバック』など。アメリカの作家。ジャーナリスト、石油会社勤務を経て小説を執筆。私立探偵フィリップ・マーロウ・シリーズでハードボイルドの代表的作家となる。妻との死別後は酒に溺れ、失意の晩年を送った。
●出典…ハヤカワ・ミステリ文庫（清水俊二訳）

近く生まれるであろうこの新しい生命には、けっして自分のなめてきたようなみじめな半生をあたえまいと誓った。

『八つ墓村』（一九五一年）横溝正史

呪われた血と莫大な資産

戦国時代、八人の落武者を村人らが殺したという伝説から名がついた八つ墓村は、〈鳥取県と岡山県の県境にある山中の一寒村〉。横溝正史『八つ墓村』の舞台である。大正×年、この村で凄惨な事件が起きる。犯人は村の資産家の家長・田治見《たじみ》要蔵《ようぞう》。彼がむりやり妾にした鶴子に男がいるらしいという噂を聞き、逆上した末の犯行だった。身の危険を察した鶴子は出奔して難を逃れたが、殺された村人は三二人。要蔵はそのまま姿を消した。

それから二六年後の昭和二×年。ここから先はある人物の手記となる。〈八つ墓村からかえって八か月、私はやっとちかごろ心身の平静を取りもどしたように思う〉と書くのは、田治見要蔵と鶴子の息子・寺田辰弥《たつや》である。母はすでに亡く、八つ墓村のことも実父のことも知らずに育った二七歳だ。その辰弥のもとに思わぬ話が届く。田治見家が辰弥を跡取りに迎えたいと要望しているという。弁護士の仲介で辰弥は母方の祖父に会うが、祖父は辰弥の目の前で息絶えた。

何度も映像化された作品。物語の発端となった事件は、犯罪史に残る昭和一三年の「津山事件（三〇人が殺害された）」がモデルとされ、村の名前も実在した村（岡山県八束村）らしい。とはいえ、読み心地は、因習に満ちた土地と謎の鍾乳洞を舞台にした『インディ・ジョーンズ』もかくやの冒険活劇に近い。八つ墓村のもうひとつの資産家一族の女性（森美也子《みやこ》）に伴われ、村に足を踏み入れた辰弥は、次々起こる殺人事件に巻きこまれる。

陰惨な物語は意外な結末を迎え、ラストでは辰弥の後日談が語られる。辰弥は村で知り合った娘・典子《のりこ》と結婚。彼女の妊娠が告げられる。それはあの洞窟で宿った命だった。〈私は強く典子を抱きしめてやった。近く生まれるであろうこの新しい生命には、けっして自分のなめてきたような、みじめな半生をあたえまいと誓った〉

ハッピーエンドの大団円。ただし、典子も村の因縁含みの娘である。言動だってあやしかった。結局、活動的な美也子はああなって、楚々とした典子が幸せを得るんだな。チェッ。

一九七七年公開の映画のCM「たたりじゃ〜」で知られる作品。おなじみの私立探偵・金田一耕助はここでは脇役。ロケが行われた吹屋の広兼邸（岡山県高梁市）は一般に公開されている。

●横溝正史（よこみぞ・せいし　一九〇二〜一九八一）主な作品は『本陣殺人事件』『獄門島』『悪魔の手毬唄』など。江戸川乱歩のすすめで上京、雑誌『新青年』編集長を経て作家専業に。戦後は、日本の風土に怪奇性を融合した本格推理小説を次々に発表。金田一耕助シリーズが相次いで映画化され、ブームを起こした。
●出典…角川文庫

海峡に日が落ちたのだ。

『飢餓海峡』（一九六三年）水上勉

洞爺丸《とうやまる》事故の陰の事件

一九五四年九月二六日、おりからの台風で青函連絡船洞爺丸が沈没。死者一〇〇〇人を超す大事故となった。同じ日、北海道岩内町では死者三五人の大火があった。だが、洞爺丸事故の陰に隠れ、火事が大きく報じられることはなかった。

水上勉『飢餓海峡』はこの事故と大火をモチーフにした社会派推理小説だ。舞台は一九四七年。物語は〈海峡は荒れていた〉と書き出され、海難事故の概要をたどるところからはじまる。死者は五三二人だが、乗船名簿より遺体の数が二体多い。一方、岩幌町で起きた大火。出火原因は強盗殺人犯による放火と推定され、三人組の容疑者が指名手配された。こうして二つの惨劇を発端に、函館、青森、東京、舞鶴などにまたがった長い物語が動き出す。

函館署の弓坂刑事は、事故で身元不明だった二遺体が三人の放火犯のうちの二人ではないかと目星をつけ、実際その通りだった……というあたり、謎解きの妙味には欠ける。とはいえ、それは小説にとってたいした問題ではない。物語の眼目は、事件の鍵を握る二人の人物の凄絶な半生にあるからだ。ひとりは丹波の僻村に生まれるも事業で成功し、篤志家として名をなした犬飼多吉こと樽見京一郎。もうひとりは青森で酌婦をしていた頃に京一郎から受けた恩を忘れず、一〇年後、舞鶴まで彼を訪ねていって命を失う杉戸八重。

舞鶴東署の味村刑事が京一郎をともない、現場検証のために函館に向かう船上で物語は閉じられる。津軽海峡にさしかかる頃、味村の背後で人が動いた。手錠をかけられた樽見京一郎が海に飛び込んだのである。一同蒼白となるが〈世紀の犯罪人が消えた海をただ呆然とみつめるしかなかった〉。〈北の沖の方が一瞬黒くなった。／海峡に日が落ちたのだ〉。

海峡ではじまった小説が海峡で終わるのは、お約束みたいなものだろう。とはいえこれは警察の大失態。海峡の落日は刑事の落胆と重なるが、読者の気分も一瞬にして暗転する。絵に描いたようなザ・悲劇。津軽海峡夕景色。これが北の海のイメージ、なんだね。

洞爺丸事故は日本海難史上最大とされる惨事。これを機に青函トンネル構想が加速したともいわれる。内田吐夢監督の映画では、樽見京一郎を三國連太郎が、杉戸八重を左幸子が演じた。

●水上勉（みずかみ・つとむ　一九一九〜二〇〇四）主な作品は『フライパンの歌』『金閣炎上』『良寛』など。貧困から小学五年で禅寺の侍者となるも一七歳で還俗、小学校助教や行商、編集など三〇に及ぶ職業につく。『霧と影』で作家的地位を確立してからは、社会派推理小説の意欲作を次々に発表した。
●出典…新潮文庫

(カーテンは) 少しずつ左右からとざされてゆき、立ちつくす黒い影を、いま、まったく隠し終った。

『虚無への供物』(一九六四年) 中井英夫

読者を批評する推理小説界のメタフィクション

一九五四年の洞爺丸事故は、『飢餓海峡』のほかにも異色の作品を生んだ。中井英夫『虚無への供物《くもつ》』である。物語はさるゲイバーのシーンからはじまる。

客で来ている久生(女性)と亜利夫(男性)が話している。二人の話題は氷沼家のこと。氷沼家は受難の家で、数か月前の洞爺丸事故でも、長男の紫司郎夫妻と三男の菫三郎夫妻の四人が死亡していたのである。菫三郎の息子でバーの常連である藍司からこの話を聞き、久生らは興味津々で予想される未来の「氷沼家殺人事件《ザ・ヒヌマ・マーダー・ケース》」の話に興じる。しかし、やがて本当に事件が起こった。藍司の従兄で、やはり洞爺丸事故で両親を失った氷沼紅司が突然死したのである。紅司の兄の蒼司らも巻き込み、一同は推理合戦にのめりこむが……。

と、こう書くだけでも、普通のミステリーとは相当異なることがわかるだろう。長い小説の大部分は、探偵気どりの面々が嬉々としてもてあそぶ推理ごっこである。それは読者が推理小説を楽しむ姿勢とも重なる。本書がアンチ・ミステリーと呼ばれるゆえん。これは推理小説についての推理小説、つまり推理小説版のメタフィクションなのだ。

終章で、真犯人は久生と亜利夫を非難する。〈自分さえ安全地帯にいて、見物の側に廻ることが出来たら、どんな痛ましい光景でも喜んで眺め〉ていられる。それは凄まじい虚無だと。後日、久生と亜利夫は、この件を推理小説にしようと話し合う。

〈辛子いろのカーテンは、そのとき、わずかにそよいだ。小さな痙攣めいた動きがすばやく走りぬけると、やおら身を翻すようにゆるく波を打って、少しずつ左右からとざされてゆき、立ちつくす黒い影を、いま、まったく隠し終った〉

この末尾は〈黒天鵞絨《びろうど》のカーテンは、そのとき、わずかにそよいだ〉ではじまる書き出しに対応している。開幕と閉幕である。擬人化されたカーテンが、これは一編のお芝居にすぎない、と告げている。安全な観客席にいる読者も、同時に批評されているのである。

『ドグラ・マグラ』『黒死館殺人事件』と合わせた「日本三大奇書」のうちの一冊。「虚無への供物」という言葉が意味するところは、ズバリ「推理小説」だろう。

●中井英夫（なかい・ひでお　一九二二～一九九三）主な作品は『見知らぬ旗』『人形たちの夜』『とらんぷ譚』など。『短歌研究』『短歌』編集長時代に寺山修司、塚本邦雄らを見いだす。その後、塔晶夫の名で発表した『虚無への供物』で、耽美で幻想的な作風を確立した。
●出典：講談社文庫

……ブウウウ――ンンン――ンンンン………。

『ドグラ・マグラ』（一九三五年）夢野久作

迷路みたいなテキストにクラッ

思わず「なんじゃ、これ」といいたくなる。『名作うしろ読み』きってのケッタイな末尾である。が、驚くのは早い。この小説は冒頭もこうなのだ。

〈………ブウウ――ンンン――ンンンン………〉

夢野久作『ドグラ・マグラ』は噂にたがわぬ、悪夢みたいな小説である。

タネを明かせば最初と最後の「ブウーン」は時計の音。大正一五年、物語は〈蜜蜂の唸るような音〉で語り手の「私」が目覚めるところからはじまる。「私」の四方を取り囲むコンクリートの壁。やがて現れた若林博士によると、そこは九州帝国大学の精神病棟という。「私」は記憶を失っているが、どうやら過去の猟奇的な犯罪にかかわっているらしい。隣室には「私」の許嫁だったという従妹の美少女が眠っている。自殺した正木教授が残したという資料をわたされた「私」は、それらを読むうちに、徐々に「自分は誰か」を知りはじめるが……。と、大枠はそういうことになるのだが、読者を惑わす要素が山ほど仕込まれ、頭がこんがらがること必至。「私」は『ドグラ・マグラ』なる入院患者の手記を読む。

それはこんな手記である。〈一番最初の第一行が……ブウウ――ンンン――ンンンン……という片仮名の行列から始まっているようであるが、最終の一行が、やはり……ブウウ――ンンン――ンンンン……という同じ片仮名の行列で終っているところを見ると、全部一続きの小説みたような物ではないかと思われる〉。あれあれ、この小説といっしょ？

だが、若林博士は告げるのだ。〈それは、やはり精神病者の心理状態の不可思議さを表現した珍奇な、面白い製作の一つです〉。後半は忌まわしいドラマだが、錯綜するテキストが読者を迷路に迷い込ませる。悶絶する「私」の耳に響く音で物語は幕を閉じる。〈……ブウウ――ンンン――ンンンン………〉

オノマトペの多用。人を喰った展開。博覧強記な小説でもある半面、作者の頭にあったのは劇画のようなビジュアルだったのではないかと想像する。難解。でも漫画チックなのだ。

構想と執筆に一〇年をかけた、書き下ろし作品。「これを読む者は一度は精神に異常を来たす」という文庫のキャッチコピーも有名だ。作者は本作発表の翌年、急死した。

●夢野久作（ゆめの・きゅうさく　一八八九〜一九三六）主な作品は『死後の恋』『瓶詰地獄』『氷の涯』など。本名は杉山泰道。僧侶、謡曲教授、新聞記者などを経て、三七歳のとき『新青年』に『あやかしの鼓』を発表。以降、探偵小説の枠にとらわれず狂気や神秘の世界を探求する、異色の作品群を生み出した。
●出典…角川文庫

湧き起る合唱と香煙の渦の中を、裏庭の墓コウをさして運ばれて行ったのである——閉幕《カーテン・フォール》。

『黒死館殺人事件』（一九三五年）小栗虫太郎

●科学か魔術かオカルト趣味か

神奈川県の某所に建つ、尖塔をそなえた西洋の城もかくやの古めかしい洋館。通称「黒死館」。小栗虫太郎『黒死館殺人事件』の舞台である。

外観も名前もおどろおどろしいが、ここに住む降矢木《ふりやぎ》一族の来歴がまたスゴイ。ルーツは天正遣欧少年使節のひとり千々石ミゲル（清左衛門）と、カテリナ・ディ・メディチの隠し子といわれる妖妃カペルロ・ビアンカの密通によって生まれた子。一三代目の当主は医学博士の降矢木算哲《さんてつ》だが、彼が弟夫妻に館を任せている間、変死事件が相次いで起こり、三十余年後、算哲自身も謎の自殺をとげる。

一方、現在の館には次の当主となった遺児の旗太郎《はたたろう》、算哲の秘書、図書係、執事らが住み、ほかに弦楽四重奏団を組む四人の男女が起居していた。彼らは算哲の留学先のヨーロッパから乳児の頃に送られてきたが、館の外へは一歩も出さず四〇年余が経過した。

はい、もうこれだけでお腹いっぱい。

しかし、こんなのはまだ序の口で、算哲の死と過去の連続殺人事件をめぐって名探偵・法《のり》水麟太郎《みずりんたろう》が活躍する。というのもじつは枝葉末節《しようまっせつ》で、テキストの大部分をしめるのは法水が繰り出す、科学とも魔術ともウソともホントともつかぬウンチクの山なのだ。

そんな奇書にも、やがて結末が訪れる。ラストシーンは、とある人物の葬儀が行われている黒死館。この死者こそが一連の奇怪な事件の犯人であり、降矢木一族の最後のひとりだった。動機は何かと問う支倉《はぜくら》検事に法水は答える。〈一口に云えば遊戯的感情——一種の生理的洗滌《カタルシス》さ〉。その名を告げた法水は、最後だけでもふさわしい形で送ってやろうと提案し、フィレンツェの市旗におおわれた棺は僧侶の肩にかつがれる。〈そして、湧き起る合唱と香煙の渦の中を、裏庭の墓コウをさして運ばれて行ったのである——閉幕《カーテン・フォール》〉。

オカルティズムと衒学趣味全開の長編。作者はゲーテ『ファウスト』を下敷きにしたと述べるが、雰囲気はエーコ『薔薇の名前』風？　棺の運ばれ方まで思いっきり大仰だ。

初出誌は一時は横溝正史も編集長を務めた『新青年』。私立探偵・法水麟太郎が活躍するシリーズの一冊だが、他とは一線を画している。「法水」は「ホームズ」のもじりともいわれる。

●小栗虫太郎（おぐり・むしたろう　一九〇一～一九四六）主な作品は『聖アレキセイ寺院の惨劇』『鉄仮面の舌』『白蟻』など。中学卒業後、印刷所経営の四年間に探偵小説を書くも発表に至らずその後、三二歳時の作品『完全犯罪』が評価され、一躍流行作家に。異国情緒と衒学趣味に溢れる夢幻的作品を生み出した。
●出典…創元推理文庫

『緋文字』（一八五〇年）ホーソーン

「黒地ニ赤キAノ文字」

密通相手の子を産んだ女の決意

かつて不義密通は大罪だった。ヨーロッパでも、敗戦直後まで姦通罪が生きていた日本でも。ピューリタニズムが支配する社会では、その規範はより厳しい。ホーソーン『緋文字』はそんなアメリカ史の負の一面を鋭く描き出した長編小説だ。

税関の2階でAという形の赤い布と謎の文書を発見した税関吏の「私」。そこには忌まわしい出来事が綴られていた……というところから、物語ははじまる。

舞台は一七世紀半ばのボストン。ひとりの女が獄舎から引き出され、広場の「さらし台」に立たされていた。彼女の名はヘスター・プリン。赤ん坊を抱き、衣装の胸には赤いAの文字が縫い付けられていた。Aは不義の子を産んだ罪の印。相手の男は誰かと問い詰められた彼女はしかし、断固としていい放つのだ。「絶対に言いません！」

人妻の身で他の男と関係したヘスター。生まれた娘はパールと名付けられ、妖精のような子どもに育つ。ここにヘスターの夫で老医師のロジャー・チリングワース、高潔な若い牧師アーサー・ディムズデールらがからみ、物語は心理劇の様相を帯びる。ある人物は復讐に燃え、ある人物は良心の呵責に耐えかねて衰弱し……。さて、ヘスターが関係した相手は！　おぞましい物語の背景には「セイラム魔女裁判」（ホーソーンの先祖が判事としてかかわった）に代表される集団的暴走への告発が含まれている。

ラストで描かれるのはヘスターの毅然とした姿、そして彼女が葬られた墓の描写だ。〈この物語はなるほど暗いけれども、たえず燃えさかる、影よりもなお暗い一点の光によってのみきわだち、かつ救われているのである――。／「黒地ニ赤キＡノ文字」〉。

緋文字ではじまり緋文字で終わる構成。この小説のポイントは、でもヘスターにとって緋文字が役割を果たさなかったことである。嘲笑と軽蔑の対象だった烙印は、試練を強さに変えた彼女の力で意味を剝奪されてしまう。ラストに登場するＡはまるで戦に勝った戦士の勲章のようだ。

セイラム魔女裁判とは、一七世紀末、二〇〇人近くが裁判にかけられ、二十数名が処刑または獄死した事件。緋文字の「A」は「不義密通」を意味する「Adultery」のイニシャルだ。

●ナサニエル・ホーソーン（一八〇四～一八六四）主な作品は『予言の肖像画』『泉の幻影』『七破風の屋敷』など。アメリカの作家。祖先が宗教迫害や魔女裁判に関与した過去などもあり、善悪や良心の問題を取り上げた作品が多い。一時、イギリスのリヴァプール領事を務めた。
●出典…岩波文庫（八木敏雄訳）

あとには、果てしない空と、小麦畑をなびかせて渡っていく風のささやきだけが残された。

『冷血』（一九六五年）トルーマン・カポーティ

全米を震撼させた事件に取材

トルーマン・カポーティの代表作である『冷血』は、全米を震撼させた実際の事件に取材した作品。ノンフィクション・ノベルの傑作とされ、また一時期流行したニュージャーナリズム（出来事を見てきたように書く手法）の端緒を開くことにもなった。

〈ホルカム村はカンザス州西部の小麦畑がひろがる小高い平原に位置する〉。これが書き出し。一九五九年一一月、ホルカム村で、一家四人（大農場主のクラッター氏、妻ボニー、娘ナンシー、息子ケニヨン）が惨殺された。クラッター氏は宗教的な禁忌を守る人物で、一家に殺害される理由は見当たらない。作者は一家の日常を一人ずつ掘り下げる一方、二人の若者の動向を追う。ペリーとディック。事件の犯人である。被害者一家とは接点がなさそうな二人だったが、捜査官のデューイのもとにある人物からの密告が寄せられて……。

中盤以降で明らかになるのは、容疑者二人の成育歴と事件に至る経緯である。事件の首謀者ディックと、実行犯となったペリー。とりわけ悲惨な少年時代（両親の離婚、酒乱だった母の死、横暴な父、妻を自殺に追いやり、後追い自殺した兄……）をおくったペリーは心に深い傷を負っている。だが有罪判決が下り、三度の上訴もかなわず二人の死刑は執行された。

ラストは絞首刑の現場に立ち会った捜査官デューイの一年前の回想シーンだ。ホルカム村近くの墓地を訪れたデューイは、殺された娘ナンシーの親友で、第一発見者の一人だったスーザンに出会う。ゆかりの人の消息を語り、屈託なく笑って去るスーザン。

〈やがて、デューイも家路につき、木立に向かって歩を進め、その陰へと入っていった。あとには、果てしない空と、小麦畑をなびかせて渡っていく風のささやきだけが残された〉

美しい自然描写で終わるのは、事件を描いた作品の常套手段。しかし、デューイがここを訪れたのは死刑執行前の半端な時期だ。それでも作者は小麦畑ではじまった作品を、強引に小麦畑で終わらせた。この種の「癒やし」でもないと作者も読者も救われない。そんな作品。

作者は取材に五年余を費やした。ペリーの例は今日の青少年犯罪とも重なる点が多い。同じ手法で書かれた日本の作品としては、佐木隆三『復讐するは我にあり』（一九七五年）が有名。

●トルーマン・カポーティ（一九二四〜一九八四）主な作品は『草の竪琴』『ティファニーで朝食を』など。アメリカの作家。幼少時から作家を志し、二三歳で発表した『遠い声、遠い部屋』によって早熟の天才（アンファン・テリブル）の異名をとる。映画台本を手がけるなど多才だったが、晩年はアルコール・薬物中毒に苦しんだ。

●出典…新潮文庫（佐々田雅子訳）

一ト仕事を終えて一服している人がよくそう思うように、生きようと私は思った。

『金閣寺』（一九五六年）三島由紀夫

火を放った理由は何だった？

三島由紀夫『金閣寺』。金閣寺放火事件という実際の事件（一九五〇年）を題材に、実際に逮捕された青年とほぼ同じ経歴の人物を主人公にした作品だ。金閣寺の火事という結末は誰もが知っているわけだから、必然的に、読者の興味は「彼が放火に至った動機」にしぼられる。なんだけど、これがまあいちいち全部、動機に見えるんだな。

語り手の「私」こと溝口は舞鶴に近い成生岬《なりゅうざき》の寺の息子に生まれたが、吃音だったことで幼い頃からいじめられた。中学時代、父に連れられてはじめて金閣を見たが、想像とはちがう姿に失望した。金閣寺の修行僧になり、ようやくその美を体感。戦争でそれはいつも焼失の危機にあり、金閣はやがては自分とともに滅びる運命だと夢想するようになった。だが金閣は焼けなかった。大谷大学に進んだ溝口は足に障害のある柏木と出会い、彼の手引きで童貞喪失を試みるが、いざとなると目の前に金閣が出現し、いつも屈辱的な結果に終わった。――どれもこれも「だから金閣に火をつけたのだ」といえばいいえると思いません？

だが、小説は意外な結末を用意する。いよいよ準備万端整え、金閣に火をつけて自分も死のうと決意した溝口。ところが、火を放った後、死ぬつもりで上った最上階の扉が開かない。金閣に拒絶されていると感じた彼は裏山へ走り、持っていた小刀と睡眠薬は谷底に投げ捨てた。そしてラスト。〈別のポケットの煙草が手に触れた。私は煙草を喫んだ。一ト仕事を終えて一服している人がよくそう思うように、生きようと私は思った〉。

虚を突かれるラストシーンだ。動機を知りたくて読んできたのに、動機はわからず、憑きものが落ちたように彼は覚醒するのである。炎に見とれもしなければ恍惚にも浸らず、まさに「一ト仕事終えた」職人よろしく煙草を吹かす溝口。死ぬ気だった青年が「生きよう」と思った。これは一種の逆転劇だ。だがそれは束の間の休息にすぎず、まもなく彼は逮捕されるだろう。誰の心の中にも金閣寺に似たトラウマがあり、それを燃やせば楽になる。そんな物語にも見える。

実際の事件では、容疑者は薬物を飲んで割腹自殺を図っている（未遂）。焼失前の金閣寺は金箔が剝げ落ちた状態だったが、一九五五年の再建時に創建時の姿（金箔張り）に戻された。

●三島由紀夫（みしま・ゆきお　一九二五～一九七〇）主な作品は『仮面の告白』『潮騒』『豊饒の海』など。劇作家としても『近代能楽集』『鹿鳴館』などの名作を生んだ。六〇年安保後、右翼的傾向を強め、民兵組織「楯の会」を発足。自衛隊市ヶ谷駐屯地に立てこもり、割腹自決した。
●出典…新潮文庫

見て下さい。よく私を見て下さい。

『ひかりごけ』（一九五四年）武田泰淳

近代法が想定しなかった犯罪

武田泰淳『ひかりごけ』の舞台は北海道の知床である。

〈私が羅臼を訪れたのは、散り残ったはまなしの紅い花弁と、つやつやと輝く紅いその実の一緒にながめられる、九月なかばのことでした〉

紀行文のような、旅情を誘われる書き出し。ところが、小説はその後、旅情どころではない方向に進んでいくのだ。中学の校長と洞窟にヒカリゴケを見に行った「私」は帰路、「ペキン岬の惨劇」の話を聞く。それは太平洋戦争末期の出来事で、難破した徴用船の船長が死んだ船員の肉で命をつなぎ、ただ一人生還した事件を指す。〈その船長は、仲間の肉を喰って、自分だけは丸々と太って、羅臼へやってきたんですからね。全く凄い奴がいますよ〉。

「私」は『羅臼村郷土史』で事件の概要を調べ、同様のモチーフを扱った野上弥生子『海神丸』や大岡昇平『野火』を思い出しつつ、「人を殺す」と「人を喰う」の差を考える。

ここまでが前半で、後半は「私」が考えた戯曲である。

第一幕は洞窟の中。船員たちはこの一件で争うが、ある船員がいった。〈おめえの首のうしろに、光の輪が見えるだ〉。〈人の肉さ喰ったもんには、首のうしろに光の輪が出るだよ。緑色のな。うッすい、うッすい光の輪が出るだよ〉。それがヒカリゴケに似ていると。

第二幕は法廷で、被告席にいる船長は自分の首のうしろには光の輪があるという。船長の〈見て下さい。よく私を見て下さい〉という言葉で劇は幕となるが……。

さて、これをどう考えるか。「光の輪」から連想するのは、聖画や仏画に描かれた聖人や仏の姿か、キリストが最後の晩餐でパンを手に「食べなさい。これは私の体である」と語った話だ。しかし、ト書きでは舞台上の全員が光の輪をしょっているのだ。人肉食は近代法では想定されていない罪である。人はそれを裁けるのかと問う問題作。船長に「見て下さい」といわせることで、「私」は読者に「あなたも当事者だ」と迫るのである。


作品のモチーフとなった事件は一九四四年、羅臼町で発覚した事件。刑法には人肉食に関する規定がないため、船長には死体損壊罪で懲役一年の実刑判決が下された。

●武田泰淳（たけだ・たいじゅん　一九一二〜一九七六）主な作品は『審判』『風媒花』『富士』など。妻は随筆家の武田百合子。左翼運動に挫折後、竹内好らと中国文学研究会を結成する。四三年には評伝『司馬遷』を発表し、戦後、創作活動を本格化。自身の転向や中国出征の体験を踏まえ、極限的状況下での人間性の問題を追究した。
●出典…新潮文庫

もはや逃げ場所はないのだという意識が、彼の足どりをひどく確実なものにしていた。

『夏の葬列』（一九六二年）山川方夫

有名な「戦争文学」の初出誌は？

山川方夫『夏の葬列』は中学二年の国語教科書でよく知られた作品である。海岸の小さな町を訪れた「彼」。そこは「彼」が戦争末期に疎開した町だった。芋畑を行く葬列を目にし、十数年前の苦い記憶がよみがえる。その日、彼は二歳上のヒロ子さんと芋畑で葬列を見、直後に艦載機と遭遇した。そして彼を助けようとしたヒロ子さんを突き飛ばしたのである。彼は難を逃れ、ヒロ子さんは瀕死の重傷を負った。翌日、戦争は終わり、彼は町を去った。以来、この町には来ていない。ヒロ子さんの生死も不明だ。再び葬列の遺影に目をやると、三〇歳近くになったヒロ子さんが写っている。〈奇妙な歓び〉が彼をとらえる。〈おれは、人殺しではなかったのだ〉。

戦争を描いた児童文学にも見えるけれども、初出誌は『ヒッチコック・マガジン』。もとはミステリー仕立てのショートショートとして発表された作品だった。そう思うと、この後の反転も合点がいく。彼がヒロ子さんと思ったのは、彼女の母の若い頃の写真だった。そばの子どもが説明する。「だってさ、あの小母さん、なにしろ戦争でね、一人きりの女の子がこの畑で機銃で撃たれて死んじゃってね、それからずっと気が違っちゃってたんだもんさ」。ヒロ子さんはやはりあのとき死んだのだ。母親はそれが原因で精神を病み、十数年後に自殺した。救いのない結末である。それでもこの作品が教科書に載ったのはラストのせいかもしれない。過去を封印したくて町に来たのに、残酷な事実を知った彼。

〈もはや逃げ場所はないのだという意識が、彼の足どりをひどく確実なものにしていた〉

「重い」ではなく「確実な」足どりとは、彼がヒロ子さんとその母の死を背負うと覚悟したことを意味する。いつかまた別の夏、彼はこの町に墓参に訪れるだろう。

と、国語的に読めばそうなるが、むしろ鮮やかなオチで読ませる掌編。戦中の小学生にそこまでの贖罪を求めるのも、これで戦争の悲惨さを学べというのも、少々強引な気はするけどな。

終戦の前日の出来事、というあたりがまたドラマチック。中学生には人気の高い作品だが、「作者は何を伝えたかったか書きなさい」式の授業には向かないかも。実話とは思わないように。

●山川方夫（やまかわ・まさお　一九三〇～一九六五）主な作品は『その一年』『海岸公園』『親しい友人たち』など。戦後第三次『三田文学』を編集し、江藤淳や曽野綾子らを見いだす。自らも『日々の死』で認められ、またそのショートショートは海外へも紹介されるなど将来を嘱望されたが、交通事故で早逝。
●出典…集英社文庫

病室の湿った空気を、張り手のぱちんと乾いた音が裂いた。

『ガダラの豚』（一九九三年）中島らも

アル中タレント教授のアフリカ冒険譚

奇才というべき中島らもは抱腹絶倒のエッセイで人気だったが、『ガダラの豚』は日本推理作家協会賞を受賞した、本格的な長編エンターテインメント小説だ。

アフリカの呪術医を研究する民族学者の大生部《おおうべ》多一郎は、テレビの出演料で研究費を捻出するタレント教授。しかし、八年前のアフリカ旅行の際、七歳だった娘の志織が熱気球の事故で行方不明となり、以来、本人はアルコール依存症、妻の逸美は神経を病んであやしげな新宗教にハマりかけている。ここに大生部の助手の道満《どうまん》、スプーン曲げを得意とする超能力者の清川青年、手品師のミスター・ミラクルらがからみ、文庫本で全三冊の大スペクタクルドラマが展開する。Ⅱが舞台をアフリカに移しての冒険小説もかくやの志織奪還記なら、Ⅲは舞台を東京に戻してくり広げられるスプラッターに近い殺人劇だ。

超常現象のトリック暴きはテレビドラマの『ＴＲＩＣＫ』を連想させるが、書かれたのはこっちが先。オカルティズムの虚々実々、東京のテレビ局とケニアの僻遠の村という両極端な舞台設定、七歳までの記憶をなくした志織をめぐる、ケニア人の呪術師バキリと大生部一行の争奪戦。超能力が流行した八〇年代のテレビ番組をまんまパロディにした感じ。

もっとも最終巻のⅢは評価が割れそうだ。東京に現れたバキリの呪術がビデオのモニター画面を通じてのりうつり、見ていた人々が次々に殺人や自殺に向かう……という展開は破壊力に満ちているものの、待っているのはどんでん返しに近いオチ。

エピローグは病院である。「愛してる?」と問う妻の逸美に「うむ、……愛しとるよ」と真っ赤になりつつ答える大生部。〈「ほんとに?」／「学者は、嘘はつかん。よく過ちをおかすだけだ」／病室の湿った空気を、張り手のぱちんと乾いた音が裂いた〉。

妻が夫をたたいた音で、終わるって。大惨劇の後のむりやりめいた大団円。自ら構築してきた物語を、自ら完膚なきまでに壊すがごとし。過剰なまでのサービス精神に圧倒される。


『ガダラの豚』というタイトルは聖書の逸話（マタイによる福音書八章。イエスがガダラの地で悪霊に遭遇。悪霊は憑依した豚もろとも湖で溺れ死ぬ）に由来する。

●中島らも（なかじま・らも　一九五二～二〇〇四）主な作品は『今夜、すべてのバーで』『人体模型の夜』『永遠も半ばを過ぎて』など。印刷会社、広告代理店勤務を経て、小説家のみならずミュージシャン、放送作家など多方面で活躍。自身のアルコール依存症、鬱病、獄中体験をも創作に活かした。
●出典…集英社文庫

6 現代の奇譚

空想と科学は紙一重。ロボット、宇宙、タイムマシン、人の脳⁉

南無阿弥陀仏南無阿弥陀仏。難有い難有い。

『吾輩は猫である』（一九〇七年）夏目漱石

●猫はほんとに死んだのか

中学校で英語を教える苦沙弥《くしゃみ》先生の家に住み着いた猫。〈吾輩は猫である。名前はまだ無い〉という書き出しで知られる『吾輩は猫である』は夏目漱石の小説デビュー作である。

当初は『ホトトギス』に「一話」のみが載るが、好評を得て「十一話」まで続いたという、いまも人気の書。先生の友人で美学者の迷亭、教え子で理学士の寒月はじめ、新体詩人の東風《こち》、哲学者の独仙など、この家に集う変人たちのバカ話がほとんどすべてという異色の長編ながら、人間に対する「吾輩」の滑稽味をおびた批評は何度読んでもおもしろい。

だけど、ラストは悲しい。台所で飲み残しのビールを飲んだ「吾輩」は、酔って水甕に転落するのだ。もがけどもがけど甕の縁に爪はかからない。彼は抵抗を断念する。〈もうよそう。勝手にするがいい。がりがりはこれぎり御免蒙るよ〉。そして〈吾輩は死ぬ。死んでこの太平を得る。太平は死ななければ得られぬ。南無阿弥陀仏南無阿弥陀仏。難有い難有い〉。

おお、水甕で溺れ死んだ哀れな猫！　最終話の「吾輩」は〈主人は早晩胃病で死ぬ〉だの〈早く死ぬだけが賢こいかも知れない〉だのと妙に厭世的だった。だからやはり……と思いこんでいたけれど、もう一度よく読んでみよう。遠ざかる意識の中で〈吾輩は死ぬ〉とつぶやいているだけで、その後の彼がどうなったかはわからないのだ。

そもそも「吾輩」は何度も九死に一生を得た死に損ないだ。生まれたばかりで捨てられたの「一話」では餓死寸前でこの家に入りこみ、お手伝いに何度も放り出されたところを苦沙弥の「そんなら内へ置いてやれ」の一言で命拾いした。「二話」で食べ残しの雑煮の餅が歯にからまって悶絶したときも「まあ餅をとって遣れ」という苦沙弥の号令で救われた。

今度も失神寸前に「早く出してやれ」という苦沙弥の一声がかかり、ずぶ濡れの姿で甕から救出されてもおかしくない。高みの見物に徹しているような「吾輩」だけど、じつは食い意地の張った苦労人。「永遠の死に損ない」という不格好なキャラクターのほうが似合う気がする。

「猫」の第一回目が発表された一九〇五年は日露戦争の最中。作中でも愚かな戦争を猫が皮肉った箇所が見つかる。「猫」執筆当時の漱石の家は明治村（愛知県犬山市）で公開されている。

●夏目漱石（なつめ・そうせき　一八六七〜一九一六）主な作品は『坊っちゃん』『こころ』『明暗』など。ラフカディオ・ハーンの後任として東大で英文学の教鞭をとる傍ら、正岡子規流の「写生文」の実践として小説執筆を志す。本作の成功を機に作家専業となり、新聞紙上で数々の名作を発表。門弟にも恵まれ、近代日本文学に大きな影響を与えた。
●出典：新潮文庫

今晩のあなたの夢はきっといつもとは違うでしょう

『一千一秒物語』（一九二三年）稲垣足穂

月も星もタバコの煙

〈ある晩　ムーヴィから帰りに石を投げた／その石が　煙突の上で唄をうたっていたお月様に当った〉（「月とシガレット」）。〈ある晩露台に白ッぽいものが落ちていた　口へ入れると冷たくてカルシュームみたいな味がした〉（「星を食べた話」）。

詩なのか童話なのかSFなのかコントなのか。こんな書き出しのショートショートばかり七〇編。稲垣足穂『一千一秒物語』は読者に衝撃を与えたシュールな作品集である。

月や星がよく登場するため、ついファンタジーとかメルヘンとか呼びたくなるが、ここに出てくる月や星はみな、そこらのチンピラか野良猫のような風情。しかも物語の中身はロマンチックとほど遠く、突き飛ばす、はね飛ばす、突き落とす、衝突する、殴り合う、石を投げる、ピストルを撃つ……不良のケンカみたいな話ばかりだ。

最終話「A　MOONSHINE」は友人のAが竹竿につけた針金で三日月をとる話である。Aがサイダーを注いだコップに月を入れると〈へんな紫色の煙がモヤモヤと立ち昇っ〉て月は消え、それを飲んだAはおかしくなってしまった。S氏に話すと、シガーの煙を輪に吐いて「ムーンシャインさ！」と笑い出した。そして語り手はいうのである。〈いったい話はどうなっているんだって云うのかね？　そうさ　それが今日に至るまでも判然としないものだから　きみにきいてみようと思っていたのだよ〉

moonshine を辞書で引くと「ばからしい考え。たわごと」さらに続けて「密造酒」。そうだったの⁉　それじゃ落語か小咄やん。足穂を言葉の魔術師と信じてきた人は小咄の線で読み直したほうがいいかもしれない。と思う間もなく最後のだめ押し。〈ではグッドナイト！お寝みなさい　今晩のあなたの夢はきっといつもとは違うでしょう〉。

可愛く終わるが、全部冗談かもしれぬ掌編集。巻頭には〈いろんなタバコが取り揃えてあります　どれからなりとおためし下さい〉。読者を煙に巻く意図が見えませんかラストにも。

二〇〇編の作品から自選した作品集。足穂は「私の其後の作品は―エッセイ類も合わして―みんな最初の『一千一秒物語』の註である」（「『一千一秒物語』の倫理」）と述べている。

●稲垣足穂（いながき・たるほ　一九〇〇〜一九七七）主な作品は『弥勒』、随筆『A感覚とV感覚』『少年愛の美学』など。佐藤春夫の知遇を得て文壇デビュー。反リアリズム的な表現手法で注目を浴びた。その後、アルコール・ニコチン依存症となり創作から遠ざかるも、戦後に活動を再開。天体や器械類への嗜好、少年愛などをテーマに、独自の小宇宙を構築した。

●出典…新潮文庫

そうしてやがて波に運ばれ、はるかなる闇のなかへと消えていってしまいました。

『フランケンシュタイン』（一八一八年）M・シェリー

科学者が生んだ怪物の暴走と悔恨

今日、フランケンシュタインの名を知らない人はいまい。だが、原作を読んだ人は少ないかも。メアリ・シェリー『フランケンシュタイン』の主人公は若き科学者ヴィクター・フランケンシュタインだ（そう、フランケンシュタインは怪物の名前じゃないんです）。

生命の秘密にとりつかれたヴィクターは、死体から材料を集めて人造人間をつくることに成功するが、それが醜悪な怪物だったことにショックを受けて逃げ出してしまう。一方、ヴィクターの部屋を出た怪物は、その容姿ゆえに各所で人々のひどい仕打ちにあう。しかし、ある村の小屋に住み、隣家の日常会話や娘の勉強風景を盗み見ることで、言葉を学び、ひとかどの知識と教養を身につけるのである。やがて再会した創造者と怪物。ヴィクターは怪物の話を聞いて同情し、望み通り伴侶となる女の怪物をつくると一度は約束するが……。

単純なホラーとはいえない複雑な筋と構成。自ら製造した怪物に苦しめられるヴィクターは、マッドサイエンティストというより野心と気弱さが相半ばした青年だし、孤立し、復讐に燃えて暴走する怪物は差別と偏見に苦しむ異形の者だ。

結末は悲劇とならざるをえない。そこは北極圏の船の中。二人の言葉を聞き、最後の姿を伝えるのはヴィクターを流氷の上から救出した船長だ。

自分が死んだら代わりにあの怪物を殺してくれ。そういい残してヴィクターが息を引きとった後、ウォルトンの前に現れた怪物は、自らの苦悩と悔恨をこんこんと訴え、「おれは死ぬ」と宣言する。「おれを世におくりだした男は死んだ。これで自分がいなくなれば、われわれふたりの記憶さえすみやかに消えてゆくだろう」。さらばだ！

〈そう言うと彼は船室の窓から身をおどらせ、船のすぐそばに浮かぶ氷の塊におりたちました。そうしてやがて波に運ばれ、はるかなる闇のなかへと消えていってしまいました〉

科学者が生んだ怪物の悲劇。ヴィクターは無責任な男だが、怪物の増殖だけは食い止めた。科学者はいまもときどき途方もない怪物を生み出す。さて現代の怪物の末路は？

メアリが本書を出版したのは二〇歳のときだった。多様な読み方ができる小説。気になる方は廣野由美子『批評理論入門——『フランケンシュタイン』解剖講義』（中公新書）をどうぞ。

●メアリ・シェリー（一七九七〜一八五一）主な作品は『マチルダ』『ヴァルペルガ』『最後の人間』など。イギリスの作家。父は政治思想家のW・ゴドウィン、母はフェミニズムの先駆者M・ウルストンクラフト。詩人のP・B・シェリーと結婚、その文学仲間との交流の中で本作を執筆する。夫の急死後は職業作家として旺盛な創作活動を展開した。
●出典…創元推理文庫（森下弓子訳）

生命は死に絶えることはありません！（立ち上がる）不滅です！（両手を前にさしのべる）不滅です！

『ロボット』（一九二〇年）カレル・チャペック

機械文明の果ての少子化社会

ロボットという言葉がこの作品から生まれたのは有名な話。カレル・チャペック『ロボット』（原題は『R《エル》・U《ウー》・R《エル》』）は四幕の戯曲である。

人造人間の製造販売を一手に引き受けるR・U・R（ロッスムのユニバーサル・ロボット）社は、役員以外の労働者や従業員がすべてロボットという会社。ロボットも人間並みに扱うべきだと主張する人道連盟のヘレナに、社長のドミンは反論する。ロボットが働けば人間は労働から解放され、階級も貧困もなくなるはずだと。

だが一〇年後、人類は危機に瀕していた。生産労働をロボットに任せた結果、無用の存在となった人類は生殖機能を失って子どもが生まれなくなり、しかもロボットが暴動を起こす。こうなったのは自分のせいだと嘆く現場責任者のガル博士。〈あの連中は機械であることをやめた。もう自分たちの方が優勢なことを知っているし、われわれを憎んでいる〉。

意思を持ったロボットが人間社会を乗っ取るのはSFではおなじみの構図だが、機械文明の果ての少子化まで予言されていたとは！　物語はしかし、意外な結末を迎える。

人工生命創造の秘密を記した文書が失われたために、ロボットも生産不能になったのだ。最後の人類となった建築士のアルクビストは生命の謎を解くにはロボットの解剖が必要だと告げるが、彼が手にかけようとした女性型ロボットと男性型ロボットは互いを思いやり、自分を解剖してくれと懇願した。アルクビストは二人を解放し、新たなアダムとイブになれと指示する。そして神に語りかける。生命は亡びない、人類だけが亡んだのだ。〈私の目は見たのです――見たのです――愛による主の救いを。生命は死に絶えることはありません！（立ち上がる）不滅です！（両手を前にさしのべる）不滅です！〉

最後は愛が勝つという感動のラストシーン。人類を犠牲にした生命の存続。しかし、次はロボットが創世記からやり直すのか。人類のおごりに対する究極の皮肉かもしれないな。

チャペックのロボットは金属質のメカではなく、人間に近い身体組織を持った人工生命。賦役（強制労働）を意味するチェコ語の「robota（ロボタ）」が語源だそうだ。

●カレル・チャペック（一八九〇～一九三八）主な作品は『山椒魚戦争』、戯曲『白疫病』『母』など。幅広いジャンルで健筆をふるい、新聞人としても活躍したチェコの国民的作家。現代の機械文明を鋭く風刺し、晩年には台頭するファシズムへの警鐘を鳴らした。「ロボット」の造語は、戯曲を共作したこともある兄ヨゼフの発案。
●出典…岩波文庫（千野栄一訳）

女史は先月、八十二歳でこの世を去った。

『われはロボット』（一九五〇年）アイザック・アシモフ

●憲法にも似た「ロボット三原則」

彼女スーザン・キャルヴィン博士は一九八二年生まれの七五歳。ロボット心理学の権威としてUSロボット社を支えてきた。ロボット文学の古典、アイザック・アシモフ『われはロボット』は、そんな女性博士がロボット開発史を回想した連作短編集である。

一九九六年に開発された子守りロボットのロビイは言葉を話せなかったが（「ロビイ」）、やがてロボットの能力はめきめき上がり、そのぶん、新たなトラブルも発生する。水星で鉱山採掘に従事するスピーディ（「堂々めぐり」）、哲学者めいたことをいいだすキューティ（「われ思う、ゆえに……」）、人の心を読むハービイ（「うそつき」）……。

チャペックの『ロボット』がロボットという語の生みの親なら、アシモフがこの作品で提出したのは「ロボット工学の三原則」だった。

①ロボットは人間に危害を加えてはならない。②ロボットは人間に与えられた命令に服従しなければならない。③ロボットは自己を守らなければならない。

①安全性、②利便性、③耐久性と考えれば、これは乗り物や家電などの道具一般にあてては

まる概念ともいえるのだが、三原則の解釈にもゆらぎがある点は憲法と同じ？

最終話「災厄のとき」で描かれるのは二〇五二年、キャルヴィン博士と世界統監スティーヴン・バイアリイ（ロボットではないかとの噂もある政治家）との対話である。いまやロボット三原則に基づいて、経済を握り、人類を破滅から守る役割まで担うことになったロボット。〈なんとおそろしいことだ！〉と語るバイアリイに〈すばらしいことじゃありませんか！〉と博士は応じる。〈あらゆる紛争がついに避けられることになったんですもの〉。

人類とロボットは共存できるのか。聞き書きスタイルの物語らしく〈スーザン・キャルヴィンにふたたび逢うことはなかった。女史は先月、八十二歳でこの世を去った〉で小説は終わるが、それは二〇六四年のこと。この小説で描かれた二一世紀前半のロボット進化史はわれわれの同時代なのだ。

アシモフは「人間と敵対する怪物」という旧来のロボット観から訣別したかったと述べている。ロボット三原則は後のSF作品のみならず、実際のロボット開発にも影響を与えたそうだ。

●アイザック・アシモフ（一九二〇〜一九九二）主な作品は『銀河帝国の興亡』三部作、『鋼鉄都市』『裸の太陽』など。アメリカの作家、生化学者。三歳でロシアからアメリカに渡り、コロンビア大学で博士号を取得。ボストン大学で教鞭をとる傍ら、ロボットや人類の未来史をめぐる壮大なSF作品を発表。このほか科学啓蒙書も多数執筆し、著作の数は約二〇〇冊に達する。

●出典：ハヤカワ文庫（小尾芙佐訳）

この花こそ、（略）感謝の念やたがいに慕い合う情《こころ》だけは、なお人間の心臓のどこかに生き残るということの証拠なのだ。

『タイムマシン』（一八九五年）H・G・ウェルズ

八〇万年の時間を超えて

ロボットと並ぶSF界の人気アイテム、タイムマシン。時間を超えるこの乗り物をはじめて世に送りだしたのはH・G・ウェルズ『タイムマシン』だった。

物語はタイム・トラヴェラーとだけ記された男性が、仲間たちに自ら開発したタイムマシンの原理を説明するところからはじまる。語り手の「僕」をはじめ、みな半信半疑だったが、翌週再び集まると、彼はひどい格好で現れ、時間旅行の経験を語りはじめた。

タイムマシンで彼がたどり着いたのは、八〇万年後の地球。すでに人類の衰退期であるらしく、彼を出迎えた未来人は小柄で〈ひ弱で思ったより知能が低く、たくさんの巨大な廃墟に囲まれて無気力に生活してい〉た。が、やがて彼は知る。彼らはエロイと呼ばれる地上の種族で、地下には生産労働に携わるモーロックという別の種族がいることを。

タイムマシンで行き来する範囲は数百年程度、歴史のズレを楽しむタイプの物語に慣れた私たちには衝撃的な時間差だ。しかも資本家と労働者という階級が、地上の種族と地下の種族に進化（退化？）していたとは、ダーウィンもマルクスもビックリだろう。

未来で凄絶な体験をし、さらに数千万年の時間を旅して戻ってきたタイム・トラヴェラーはしかし、翌日、また何かの事故で時間航行に発ってしまった。

彼は無事帰還できるのか。ラスト、半ば悲観しながら「僕」は彼が残していったものを見る。〈うれしいことに僕の手許には、タイム・トラヴェラーのポケットにはいっていた、あの不思議な白い花が二つある〉。それは彼が未来で出会った女友達から受け取った花だった。〈この花こそ、たとえ人類の英知と力が失われるような日が来ようとも、感謝の念やたがいに慕い合う情だけは、なお人間の心臓のどこかに生き残るということの証拠なのだ〉。

八〇万年の時間さえ超える愛。人類が進化するほどの時間を移動しながら、最後はヒューマンに落とす。格差の激しいヴィクトリア朝時代に生まれた小説、最後の一文は確信？　それとも願望？

一八九五年に初版が出版された後も改稿され、現在広く読まれているのは一九二四年版。ちなみに八〇万年前は北京原人やジャワ原人の時代。八〇万年後、人類が進化していても不思議ではない。

●ハーバート・ジョージ・ウェルズ（一八六六〜一九四六）主な作品は『透明人間』『宇宙戦争』、歴史書『世界文化史大系』など。イギリスの作家。教員、ジャーナリストを経て創作活動に転じ、今日SFの古典といわれる科学小説を精力的に発表。中期以降は文明批評的な関心を強め、二〇世紀初頭の思想界に大きな影響を与えた。
●出典…角川文庫（石川年訳）

そしてもちろん、ぼくはピートの肩を持つ。

『夏への扉』（一九五七年）ロバート・A・ハインライン

ウェルズが一九世紀末に発明したタイムマシンは、その後、多方面へと発展をとげた。ロバート・A・ハインライン『夏への扉』もそのひとつ。

●冷凍睡眠で西暦二〇〇〇年に飛んだ「ぼく」

一九七〇年、親友と共同で家事ロボット（文化女中器《ハイヤード・ガール》）の会社を立ち上げた語り手の「ぼく」ことダンは、親友と婚約者に裏切られ、失意の中、保険会社がすすめる冷凍睡眠に入る。〈ままならぬ浮世に一時おさらばして、新世界に再び目を覚ます〉。さすれば〈おそらくはいまよりずっとましな世界になっているはずだ〉と考えたのだった。

三〇年後、ダンは目覚めるが、保険内容が改竄《かいざん》されて財産はなくなっており、会社も乗っ取られていた。この時代の先端技術を学ぶ中、彼は自分と同名の人物が一九七〇年にロボットの特許をとっていたことを知る。不完全ながら軍事目的のタイムマシンが存在すると知ったダンは、再び七〇年に戻るが……。

一九七〇年に暮らす主人公が二〇〇〇年に飛ぶ、未来のまた未来を描いたSF小説。ダンが開発したお掃除ロボットはすでに近いものが存在するし、製図機はコンピュータを用いて製図をする現在のＣＡＤを、開発中の自動秘書機はパソコンを連想させる。そんな「答え合わせ」の妙味もさることながら、この小説の特徴はその明るさだろう。

物語のムードメーカーは、ダンが愛情を注ぐ愛猫のピートと少女リッキイだ。冬になるとピートは人間用のドアをすべて開けろとダンに迫った。〈少なくともどれか一つが、夏に通じているという固い信念を持っていたのである〉とは冒頭近くの一文。末尾も同じ逸話だ。〈彼はいつまでたっても、ドアというドアを試せば、必ずそのひとつは夏に通じるという確信を、棄てようとはしないのだ。／そしてもちろん、ぼくはピートの肩を持つ〉。

二つの時代を行き来したダンの哲学は〈未来は、いずれにしろ過去にまさる〉。冬でも必ず夏への扉はある。ベトナム戦争さえ経験しておらず、消費文明を謳歌していた一九五〇年代のアメリカ。未来は必ず明るいと信じる、その楽観主義がまぶしい。

アシモフ、クラークと並んでＳＦ界のビッグスリーと呼ばれるハインライン。『バック・トゥ・ザ・フューチャー』風なところもあるこの作品は、特に日本での人気が高いそうだ。

●ロバート・アンスン・ハインライン（一九〇七～一九八八）主な作品は『宇宙の戦士』『異星の客』『月は無慈悲な夜の女王』など。アメリカの作家。三〇代前半でデビューし、第二次大戦後に本格的な執筆活動を展開。現代の社会情勢を踏まえつつ、近未来の比較的身近な天体におけるさまざまな人間模様を、斬新な趣向で描いた。
●出典：ハヤカワ文庫（福島正実訳）

やがてカレランは、遠ざかる太陽に背を向けた。

『幼年期の終わり』（一九五三年）A・C・クラーク

宇宙から来た「黒船」の目的は

『美しい星』を書いた三島由紀夫が絶賛したのは有名な話。『幼年期の終わり』は『2001年宇宙の旅』でも知られるA・C・クラークの代表作だ。

宇宙の果てから訪れて、上空にとどまり続ける巨大な宇宙船の群れ。人々は「オーヴァーロード」と呼びはじめるが、地球に飛来した目的も正体もわからない。オーヴァーロードの地球総督カレランは、国連事務総長のストルムグレンに、人類が自分たちの姿を受け入れるには五〇年の歳月が必要だといった。約束の五〇年後、人々が目にしたのは……。

技術も知力もはるかに勝るオーヴァーロードと、未熟ながらもまだ先がある人類との関係は、イギリスに代表される旧宗主国と植民地の関係、あるいは黒船を送ったアメリカと日本の関係なんかも連想させる。問題が山積した人類の末路を憂い、お節介にも地球に来たらしい異星人。彼らの監督下で、人類は世界連邦化計画に基づく理想的な世界を実現させる、なんていうのは西欧流の覇権主義に近いが、この先には予想もできない展開が待っている。オーヴァーロードの上には、さらに未知なる存在があったのだ。

最後にたどり着くのは、SF版の黙示録ともいうべき光景である。〈六十億キロのかなた、冥王星の軌道を超えた先で、カレランはふいに暗くなったスクリーンを見つめていた。記録はここまで。ミッション完了。いま彼は帰途についた〉。カレランが最後に見たのは何だったのか。残念だけどここでは内緒。〈思いにふける彼に声をかける者はなかった。やがてカレランは、遠ざかる太陽に背を向けた〉。

幼年期とは「人類の幼年期」の意味。タイトルに象徴されるように、オーヴァーロードの役割は教師か親、地球人は生徒ないしは子に近い。地球を外から見るカレランの視点を導入したことで可能になった、壮大なスケールの一大叙事詩。親は子を見守るしかなく、そして子は親を超えていく。太陽系の外に去っていくカレランの胸に去来するのはどんな思いだったのだろうか。

米ソの宇宙開発競争を前提にした第一章だけ、冷戦終結を迎えた一九八九年に書き換えられた。普及しているハヤカワ文庫版（福島正実訳）は旧版の訳で、そこでのカレランはカレルレンだ。

●アーサー・チャールズ・クラーク（一九一七〜二〇〇八）主な作品は『銀河帝国の崩壊』『海底牧場』『宇宙のランデヴー』など。イギリスの作家。近未来の宇宙や海洋を舞台に、人類文明の本質を壮大なスケールで追究。映画とタイアップした『２００１年宇宙の旅』は、ＳＦ史に残る大ヒットとなった。一九五六年にスリランカに移住、後半生を同地ですごした。
●出典…光文社古典新訳文庫（池田真紀子訳）

いまや全人類のなかで答える権利をもっている者がふたりいると言えるのだ。すなわち、ネモ船長とわたしである。

『海底二万里』（一八七〇年）ジュール・ヴェルヌ

潜水艇ノーチラス号の謎と冒険

ＳＦというとつい宇宙や未来を連想するが、地球上にも未知の領域は多い。たとえば海底。ジュール・ヴェルヌ『海底二万里』の世界である。

舞台は一八六七年。海洋に謎の怪物が出現し、船舶が損傷する事件が続出。海洋生物学者の「わたし」ことアロナクス教授は、イッカク（長い牙を持つクジラの仲間）の仕業と考え、高速フリゲート艦エイブラハム・リンカーン号で太平洋に乗り出す。だが、ようやく遭遇した怪物とフリゲート艦は衝突。「わたし」は海に投げ出され、使用人のコンセイユ、銛《もり》打ちの名人ネッドと三人で巨大な物体にしがみつく。それはクジラではなく潜水艇だった！

子どもの頃、ダイジェスト版で読んだ人も多いはず。立派な図書室や博物館をそなえた潜水艇ノーチラス号。社会と縁を切ったというネモ船長。完訳版ではしかも海洋生物にかんする博物趣味が炸裂する。しかし、そもそもネモ船長はなぜ地上との交流を絶ったのか。

謎をかかえたまま物語は終盤に突入し、謎めいた結末を迎える。

何かへの復讐に燃え、国籍不明の軍艦の攻撃に容赦なく反撃するネモ船長。危険を感じた三人はノーチラス号から逃げ出すが、その後、潜水艇は……。

一〇か月、二万里（八万キロ）の旅を回想し、教授は海底旅行について〈わたしは語る権利をもっている〉と考える。いま船長はどうしているのか。復讐心を捨て、博物学者として平和に海洋探検を続けていてほしい。なぜなら自分は彼の偉大さを知っている。

〈だからこそ、いまから六千年前に、伝道の書のなかで投げかけられた「かつてだれに深淵の深さを測れたためしがあるだろう？」という問いに、いまや全人類のなかで答える権利をもっている者がふたりいると言えるのだ。すなわち、ネモ船長とわたしである〉

「六千年前の伝道の書」とは旧約聖書の一書。その一節を思い、ともに深海を見た者として船長への信頼を表明する「わたし」。神への挑戦っぽい末尾に自負があふれまくっている。


有人潜水調査船「しんかい6500」を先取りしたような作品。一八六〇年代は潜水艇（潜水艦）の開発競争の時代だったが、実用化されるのはもっと先。予言的作品といえる。

●ジュール・ヴェルヌ（一八二八～一九〇五）主な作品は『月世界旅行』『八十日間世界一周』『十五少年漂流記』など。フランスの作家。二〇代から劇作の傍ら独自の科学小説を構想していたが、一八六二年、名編集者エッツェルとの出会いにより、才能が大きく開花。『気球に乗って五週間』を皮切りに、以後約四〇年にわたって、近代ＳＦの草分けとなる作品群を生み出した。
●出典…新潮文庫（村松潔訳）

其は、幾人の人々が、同時に見た、白日夢のたぐひかも知れぬ。

『死者の書』（一九四三年）折口信夫

死んだ皇子が所望した衣とは

折口信夫『死者の書』をはじめて読んだ人は冒頭でぶっ飛ぶだろう。〈彼の人の眠りは、徐かに覚めて行つた〉。小説は死者の目覚めからはじまるのだ。そしてこの独特の効果音。〈した　した　した。耳に伝ふやうに来るのは、水の垂れる音か〉。ときは八世紀半ば。無念の死をとげ、約七〇年後に目覚めた滋賀津彦《シガツヒコ》（の魂）と、浄土思想に魅せられた姫（藤原南家の娘）を主役に、二人の接点を探るような形で物語は進行する。

語りも時間も複雑に錯綜するこの小説を、あえて単純化すれば「当麻寺に伝わる曼荼羅（阿弥陀浄土変相図）ができるまでの物語」といえるだろう。

ミイラと化し（死者なので）、墓の中で「寒いよー、着物をくれよー、凍えちゃうよー」と騒ぐ皇子（の魂）は、死ぬ直前に見た女性の面影を追って姫を襲いにいく。一方、襲われた姫は、突然あらわれた「骨のような細くて白い指」の持ち主を「キャッ、憧れの阿弥陀様かしら」と誤解して「お寒かろうに」と思いやり、大きな衣を織る。

やがて衣は完成した。姫は衣に絵の具で当麻寺の伽藍と仏の絵を描き終えると、姿を消した。そして起こった曼荼羅の奇跡。〈姫はその中に、唯一人の色身の幻を描いたに過ぎなかつた。併し、残された刀自・若人たちの、うち瞻《まも》る画面には、見る〳〵、数千地涌《じゆ》の菩薩の姿が、浮き出て来た〉。まるで細胞分裂。絵の中の仏が増殖したと！

最後の一文は〈其は、幾人の人々が、同時に見た、白日夢のたぐひかも知れぬ〉。まあ小説全体が〈白日夢のたぐひ〉かもしれぬのだが、ひとつ疑問。寒がっていた皇子に肝心の衣は渡ったのか。渡ってないよね。だって曼荼羅はいまも当麻寺にあるわけで。浄土思想そのままに阿弥陀如来に導かれて極楽浄土に旅立った姫と、なお成仏できずに彷徨う皇子の魂。これも一種のホラーだろうか。不気味な足音が聞こえてくる。〈つた　つた　つた〉。

大津皇子（六六三～六八六）は天武天皇の第三皇子。中将姫（七四七～七七五）は当麻寺の曼荼羅を織ったという伝説の持ち主。当麻寺に伝わる曼荼羅は現在、国宝に指定されている。

●折口信夫（おりくち・しのぶ　一八八七～一九五三）主な作品は『古代研究』、歌集『海やまのあひだ』、詩集『古代感愛集』など。国文学者・民俗学者・歌人。柳田國男に師事し、国文学研究に民俗学的視点を導入。神道・芸能史研究と合わせて「折口学」と呼ばれる学問体系を樹立した。若い頃から詩歌の創作にも優れ、釈迢空の号で独自の境地を開いた。
●出典…中公文庫

文蔵が常用の棒紅とともに畳に散り落ちた一ひらの花、骸骨のぶっちがえの附いた紫色の小壜であった。

『普賢』（一九三七年）石川淳

一瞬、何が起きたかわからぬ結末

石川淳を読むとは句読点も改行も極端に少なく息の長い文章を読むことにほかならない。『普賢』は石川淳三七歳の芥川賞受賞作で、語り手の「わたし」は、ジャンヌ・ダルクを讃仰した中世の女流詩人クリスティヌ・ド・ピザンの伝記を書こうとしているが、始終茶々は入るし当人も町をほっつき歩いてむだな時間をすごすしで、いっこうにはかどらない。彼をとりまくのがまた生活破綻者ばかりであり、数年ぶりに再会した旧友の文蔵は「わたし」とともに私大を中退した男だが、酒びたりで昼間から寝てばかりいる始末だ。

このへんで本を放り出したくなるところを我慢して先に進むと、終盤にいたって「わたし」のテンションはみるみる上がり物語は劇的な展開を見せるのだから油断がならない。かつて「わたし」は文蔵の妹のユカリをジャンヌ・ダルクか普賢菩薩のように崇拝していたが、一〇年ぶりに再会したユカリは男とともに非合法な活動に身を投じて「醜悪な姿」になっていた。「奇異の感」に打たれた「わたし」は同じ晩に寝た身持ちの悪いお綱こそ自分に相応しい普賢ではないかと考え、旅支度をととのえるべく、意気込んで下宿に戻るのだが……。

〈廊下によろよろと倒れかかったのは、襖のかげに隠れたベッドの上の烈烈たるたたずまいが此世の生臭さを禁断したのであろうか、その一刹那にわたしの眼を焼き通したものは文蔵が常用の棒紅とともに畳に散り落ちた一ひらの花、骸骨のぶっちがえの附いた紫色の小壜であった〉。

意味わかります？　顔色の悪さを隠すため、文蔵は棒紅（口紅）を常用していた。不気味なデザインの壜の中身はモルヒネの粉。事故か故意か、文蔵はモルヒネで絶命していたのである。現実に目覚め明日への希望を見つけた「わたし」と、現実逃避の果てに死んだ文蔵の対比が切ない。凄まじい幕切れなのに一瞬ポカンとしてしまう。恐るべき末尾。

聖なる者（ピザン、ジャンヌ・ダルク、ユカリ）と俗なる者（わたし、文蔵、お綱）が縄のごとく撚《よ》りあわされた奇異なるテキスト。前衛文学は幽玄の世界と紙一重なのだ。

「わたしの努力は醜悪を奇異にまで高めることだ」（『佳人』）と書いた石川淳らしい一編。普賢菩薩は慈悲を象徴する仏で、知恵を司る文殊菩薩とともに釈迦如来の両脇に侍すことが多い。

●石川淳（いしかわ・じゅん　一八九九〜一九八七）主な作品は『白猫』『焼跡のイエス』『紫苑物語』など。フランス文学の翻訳家を経て三〇代後半で作家デビューするも、『マルスの歌』が発禁処分を受ける。江戸文学への沈潜によって時流に抗し、戦後に旺盛な創作活動を展開。徹底した虚構性を通じて幻想的な文学世界を現出させた。

●出典…講談社文庫

三時になった。風呂に五分間はいって、またベッドに戻った。

『空気頭』（一九六七年）藤枝静男

精密すぎる「私小説地獄」の世界

藤枝静男『空気頭』は〈私はこれから私の「私小説」を書いてみたいと思う〉という宣言からはじまる。私小説には〈自分の考えや生活を一分一厘も歪めることなく写して行〉くやり方と、〈材料としては自分の生活を用いる〉が、わかりやすく嘘を加えて人に同感を求めるやり方とがあり、自分はこれまで後者を書いてきたが、いまから前者を書くのだと。

こうして「私」はひとまず結核療養所への入退院をくり返す妻を冷たく見つめる自分の話から切り出すが、第二部にいたり、戦時中は海軍の医師としてすごし戦後は町医となった「私」の性的な告白がはじまるあたりから、語りは脱線と飛躍を重ねていく。

さすがは「一分一厘も歪めることなく」と豪語しただけある。普通の小説がカメラのファインダー越しに眺めた世界なら、この小説は虫眼鏡、いや顕微鏡で見た世界。しかも内容は精巧なエロ・グロ・ナンセンスで、終盤はスカトロジー全開だ。

性欲との格闘は田山花袋『蒲団』以来、私小説の隠れたテーマのひとつだったが、なにせ語り手はお医者ですからね。医学用語を使いたおしつつ語られる、人糞を用いた性欲増強法、悟りを得るため脳内に空気を送り込む「気頭療法」、視界が下半分しかなくなる上半盲という病……。

脳内の妄想まで含めれば私小説もこうなる、という私小説地獄。

そのわりに話が現実に戻り、一日の行動を列挙した後のラストは〈三時になった。風呂に五分間はいって、またベッドに戻った〉。まるで子どもの作文だ。

どんな小説かわからない？　いいんです、現実を突き抜けてるのが『空気頭』だから。

この先にあるのが、もっと荒唐無稽な『田紳有楽』で、そこでは〈私は池の底に住む一個の志野筒形グイ呑みである〉〈私は主人から朝鮮生まれの柿の蔕と呼ばれている抹茶茶碗〉など、森羅万象が勝手に「私語り」をはじめるのである。笙野頼子や円城塔の中にも生きている藤枝静男のDNA。ぶっきらぼうな最初と最後は一種の隠れ蓑かもしれない。

藤枝静男は故郷の静岡県藤枝市（ペンネームの藤枝はここに由来）で眼科医院を開業しながら、執筆を続けた異色の作家。理科的知見が頻出するあたりは、期せずしてSF小説っぽい。

●藤枝静男（ふじえだ・しずお　一九〇七～一九九三）主な作品は『凶徒津田三蔵』『欣求浄土』『悲しいだけ』など。大学卒業後、眼科医局に籍を置きつつも文学に傾倒、志賀直哉に私淑する。戦後、三九歳で作家デビュー。第一作品集『犬の血』で認められる。夢など超現実的要素を導入し、伝統的な私小説の枠を破る独自の作品世界を築いた。
●出典…講談社文芸文庫

私自身歳月の悲劇的な腐食作用によって、ベアトリスの顔立ちをゆがめ、忘れつつある。

『エル・アレフ』（一九四九年）ボルヘス

宇宙のすべてを収めた玉

前衛的な技法と古い物語性を兼ねそなえたラテンアメリカ文学のブームが起きたのは二〇世紀後半。ことにボルヘスは、驚くべき博識と奇想で世界中をあっといわせた。『エル・アレフ』は『伝奇集』と並ぶ短編集。表題作は彼の代表作である。

物語はベアトリスという女性が死ぬところからはじまる。彼女に報われぬ恋をしていた「私」はベアトリスの死後も、彼女の誕生日に毎年彼女の家を訪れ、従兄弟のダネリと懇意になった。だが、この男は詩作好きで、彼の駄作に付き合わされるハメになる。ところがある日、ダネリから電話があり、家が取り壊されることになったという。

〈地下室の片隅にエル・アレフがあるので、詩を完成させるためにはあの家がなくてはならない〉と語るダネリ。エル・アレフとは〈すべての点を含んでいる空間上の一点〉だという。案内された地下室で「私」が見たエル・アレフは直径二〜三センチの光る球体だったが、〈その中に宇宙空間がそのままの大きさですっぽり収まっていた〉。

ここからはじまるエル・アレフの描写は、まさに世の森羅万象を詰め込んだかのような言葉の嵐。読者はほんとに「宇宙空間のすべて」を体感した気分になるだろう。

感動しながらも、しかし「私」はダネリに、君は心を病んでいる、町を出たほうがいいとすすめる。退屈な詩の源泉が、世にも稀なる玉だったという逆転劇。エル・アレフの中には愛するベアトリスの姿も含まれていたのである。

最後の一文はこれ。〈すべてのものを見、その後忘れてしまったが、それでも見たと言えるのだろうか？　われわれの頭脳はものを忘れるようにできている。私自身歳月の悲劇的な腐食作用によって、ベアトリスの顔立ちをゆがめ、忘れつつある〉。

たしかに見た（読んだ）。それなのに何を見た（読んだ）かを覚えていない。まるでこの作品そのものを評しているかのようではないか。

ダンテの『神曲』にインスパイアされたという短編。ちなみにボルヘスは驚異的な記憶力の持ち主で、「忘却」に憧れていたそうだ。と思うと最後の一文がまたちがって見える。

●ホルヘ・ルイス・ボルヘス（一八九九〜一九八六）主な作品は『伝奇集』『幻獣辞典』『砂の本』など。アルゼンチンの作家。第一次大戦期に滞在したヨーロッパで前衛思想の影響を受け、帰国後、積極的な創作活動を開始。圧倒的な知識と想像力によって時空を超えた円環的・迷宮的世界を構築した。五〇代でほぼ全盲となり、口述筆記で作品を生んだ。
●出典：平凡社ライブラリー（木村榮一訳）

鐘の音などが、永遠と呼ばれる無窮の時間がやっと終わったという吉報を世界じゅうに告げたが、それも聞かずにである。

『族長の秋』（一九七五年）ガルシア＝マルケス

悪行の限りを尽くした独裁者の死

『族長の秋』は『百年の孤独』と並ぶガルシア＝マルケスの傑作長編小説だ。カリブ海沿岸の架空の国に、独裁者として君臨する大統領。〈週末にハゲタカどもが大統領府のバルコニーに押しかけて、窓という窓の金網をくちばしで食いやぶり、内部によどんでいた空気を翼でひっ掻きまわしたおかげである〉という書き出しは、大統領の死が公表された日の話。

大統領の無残な死からはじまった物語は、彼の生涯と悪行の数々を、暴力的なほどに高密度な筆致でつづっていく。そもそも大統領は年齢が一〇七歳から二三二歳の間という話さえあり、やることなすこと常軌を逸している。腹心の部下だった将軍が信じられなくなり、殺害した死体を丸焼きにして宴会料理として出す。美人コンテストで優勝した女性に魂を奪われ、彼女が住む貧民街を造りかえて貧乏人を追い出す。平凡な修道女に関心を持ち、箱に詰めて誘拐して妻にする。数千人単位で人は殺す、女は犯す。そのうえ彼は、自分が民衆に愛されていると信じている。そこが滑稽でもあり、哀れでもあり。

神話的とも寓話的ともいえるけれども、独裁者が語る「わし」と民衆らしき「われわれ」

ほか、多様な一人称が錯綜した文体は、読者を圧倒することまちがいなし。

かくしてラスト、あらためて大統領の死が語られる。秋の終わりに彼は死んだ。〈解放を祝う音楽や、にぎやかな爆竹の音や、楽しげな鐘の音などが、永遠と呼ばれる無窮の時間がやっと終わったという吉報を世界じゅうに告げたが、それも聞かずにである〉。

この結末には伏線がある。物語の序盤、大統領の影武者が死んだとき、彼は独裁者の死を祝う民衆の姿を見たのである。〈復活祭用の火矢やローマ花火が打ちあげられ、解放を祝う太鼓が打ち鳴らされ〉るのを。民衆が「わし」の死を祝っている！　殺してやる！　大統領は影武者の死を祝った人々を皆殺しにした。が、今度ばかりはそれもできない無念。独裁者は孤独だ。民衆に愛されていると思いこんだ裸の王様の究極の悲喜劇である。

各章が終わるまで改行がなく、会話と地の文の区別もない独特の小説。参考までに、ボルヘスやガルシア＝マルケスら南米文学の特徴は「マジック（魔術的）リアリズム」といわれている。

●ガブリエル・ガルシア＝マルケス（一九二七〜二〇一四）主な作品は『コレラの時代の愛』『迷宮の将軍』など。コロンビアの作家、ジャーナリスト。南米の架空の村をめぐる年代記『百年の孤独』で世界的名声を獲得。以後も『予告された殺人の記録』など数々の話題作を発表した。

●出典…集英社文庫（鼓直訳）

ボッコちゃんは「おやすみなさい」とつぶやいて、つぎはだれが話しかけてくるかしらと、つんとした顔で待っていた。

『ボッコちゃん』（一九五八年）星新一

ショートショートの決め手は最後の一文

ショートショートの第一人者・星新一は、近年は小中学校の教科書でも人気だ。『ボッコちゃん』は五〇編を収めた自選集（一九七一年）。いずれも幕切れの鮮やかさがスゴイ。『おーい でてこーい』なんて、いま読むと飛び上がりそうになる。台風の後、村はずれにできた大きな穴。「おーい、でてこーい」と叫んでも、石を投げ込んでも反響はない。穴をもらい受けた利権屋が商売をはじめ、〈原子炉のカスなんか捨てるのに、絶好でしょう〉と宣伝した。〈数千年は絶対に地上に害は出ない〉と説明された住民は利益配分をもらうことで納得し、原子力会社が原子炉のカスを捨てにきた。外務省や防衛庁は機密書類、警察は偽札、犯罪者は証拠物件を捨てた。都会は浄化したが、ある日ビル建設の現場で作業員が休んでいると、頭上から「おーい、でてこーい」という声がして、石が落ちてきた。

グローバル経済の時代を先取りしたかのような『冬きたりなば』は、商品を満載した宇宙船が別の惑星を訪ねる話。先方は貿易に応じるが、これから冬眠に入るので支払いは来年の春にしてほしいという。納品をすませての帰路、この星は楕円軌道だと判明した。すると来年の春までは？〈地球の時間に換算しますと、ざっと五千年ほど……〉。

表題作の『ボッコちゃん』は、でも教科書には載せにくいかもしれないな。ボッコちゃんはバーのマスターが趣味で作った美女型ロボット。客はロボットと知らず彼女に酒を飲ませるが、マスターは〈時どきしゃがんで、足の方のプラスチック管から酒を回収し、お客に飲ませた〉。ある日、彼女に熱を上げるも冷たくされた青年が、彼女に薬の入った酒を飲ませた。マスターは回収した酒を客におごり、自分も乾杯につきあった。〈その夜、バーはおそくまで灯がついていた〉が〈人声だけは絶えていた〉。〈ボッコちゃんは「おやすみなさい」とつぶやいて、つぎはだれが話しかけてくるかしらと、つんとした顔で待っていた〉。

人は死に、ロボットは生き残ったの図。下手なロボットの反乱より、コワイ。


『ボッコちゃん』は同人雑誌に載ったものが認められ、商業誌に転載された、星の出世作のひとつ。星が生涯に残したショートショートは一〇〇〇編を超えるそうだ。

●星新一（ほし・しんいち　一九二六～一九九七）主な作品は『ノックの音が』『妄想銀行』『未来いそっぷ』など。同人誌『宇宙塵』に発表したショートショート『セキストラ』が江戸川乱歩らの推挽を受け、作家デビュー。平易な用語・用字法と普遍的な設定にこだわった作風で広範な読者を得た。一〇〇一編達成後に休筆を宣言し、後進の育成に努めた。
●出典…新潮文庫

これこそ、昼のために、とっておくべきものだ。昼のために……／そのころ、おれたちは街に着く。

『華氏451度』（一九五三年）ブラッドベリ

焚書の時代はまるで現代

〈火の色は愉しかった。／ものが燃えつき、黒い色に変わっていくのを見るのは、格別の愉しみだった〉という不穏な文章で、ブラッドベリ『華氏451度』ははじまる。

物語の舞台は近未来。本は禁制品で、読むのも所持するのも印刷するのも禁止。見つかった本はその場で燃やされ、違反した者は逮捕される。人々はしかし特に不自由とも思わず、テレビの巨大画面にどっぷりつかり、超小型ラジオ「海の貝」の情報で満足していた。

しかも、役所の焚書課に勤める主人公のモンターグに、署長のビーティはいうのである。この役所にいると、だれでも一度は本に興味を持つ。自分もかつてはそうだった。〈ところが、読んでみて、けっきょくそこには、これといって意味のあることはないのを知った〉。

泣いていいのか笑っていいのか、まるで現代じゃん。

しかし、モンターグは本を愛する老人たちと出会って本を焼く側から守る側へと回り、追われる身となるのである。老人のひとりはいう。〈いまこうして、重いおもいをしてもち運んでおる荷物が、いつかだれかの役に立つのだと、それだけを心がけるべきだ〉。

重い本を抱え、老人たちと山道を逃げながら、モンターグは考える。どんなものにも「打ちこわす時期と築きあげる時期」「沈黙をまもる時と語りだすべき時」がある。果実を実らせた木々が目に入った。〈そうだ、とモンターグは思った。これこそ、昼のために、とっておくべきものだ。昼のために……／そのころ、おれたちは街に着く〉。

読書の明日を信じる結末。しかし、私たちは署長の言葉に注目せざるをえない。スピードが求められる時代には〈本だって、それにつれて短縮され、どれもこれも簡約版。ダイジェストとタブロイド版ばかり。すべては煮つまって、ギャグの一句になり、かんたんに結末に達する〉。

「華氏４５１度」とは紙が自然発火する温度という。米国の「赤狩り」の時期に書かれた作品。焚書とは言論統制ではなく、大衆化のなれの果てなのだ。

焚書は過去の出来事にあらず。中国の文化大革命、クメール・ルージュ、タリバン……。文化破壊の事例はこの後も数知れず起こっている。スマホなんかもあるいは「焚書」の尖兵かも。

●レイ・ブラッドベリ（一九二〇～二〇一二）主な作品は『火星年代記』『太陽の黄金の林檎』『何かが道をやってくる』など。アメリカの作家。少年期から熱烈なＳＦファンで、若くして数々の傑作を生み出した。ＳＦという形式で奔放なイマジネーションを展開する「抒情的ＳＦ」の作風は、Ｅ・Ａ・ポーらアメリカ幻想文学の系譜につらなるともいわれる。

●出典…ハヤカワ文庫（宇野利泰訳）

どーかついでがあったらうらにわのアルジャーノンのおはかに花束をそなえてやてください。

『アルジャーノンに花束を』（一九六六年）ダニエル・キイス

八〇年分を八か月で駆け抜けて

知的障害のある青年がＩＱを上げる脳の手術を受けて天才に生まれ変わる。ダニエル・キイス『アルジャーノンに花束を』は卓抜なアイディアで読者を魅了する異色のＳＦ小説だ。小説は「経過報告」と題された一人称の手記の形で進行する。

〈ぼくの名まえわチャーリイゴードンでドナーぱん店ではたらいててドナーさんわ一周かんに11どるくれてほしければぱんやけえきもくれる。ぼくの年わ三十二さいでらい月にたんじょお日がくる〉。これが初日、三月三日の「けえかほおこく」だ。

ねずみのアルジャーノンと迷路ゲームの競争をして負けたチャーリイ・ゴードンは、アルジャーノンとともに脳の手術を受け、四月には〈近頃ずいぶん本を読むし、読んだことはほとんど頭に入っている〉という状態に、五月には学生たちの議論を聞いて〈このような初歩的なレベルで議論することにはもはやなんらの興味も湧かない〉と感じるまでに、六月には彼の手術をした教授のレベルも超えて、彼らの実験に疑いを持つまでになる。〈教授たちは過ちを犯している、しかるにだれひとりそれに気づいていない〉。

結局、彼の知能はその後低下し、一一月二一日、最後の経過報告では〈どうしてまたばかになてしまたかぼくがなにかわりいことをしたかわからない〉と書くまでに後退する。

小尾芙佐の巧みな日本語訳もあいまって、ジェットコースター並みの、知識レベルの急上昇と急降下が読者の興味をかきたてるだろう。しかし、あらためて考えてみると、チャーリイが八か月でたどった道を、われわれは八〇年かけて経験するだけかもしれないのだ。知識を習得する喜び、恋愛の戸惑い、職場での悩み、衰えへのおびえ。もう、そのまんま。最後の報告に「ついしん」として彼は書く。〈どーかついでがあったらうらにわのアルジャーノンのおはかに花束をそなえてやてください〉。

人類史から見ても、死者を弔う気持ちはもっとも早い「心の出現」といわれている。人生の折り返し地点をすぎて読むと最終章がしみます。

各国で、何度も映画化、舞台化、テレビドラマ化された人気の作品。日本のドラマでは、二〇〇二年版ではユースケ・サンタマリアが、二〇一五年版では山下智久が主役を演じた。

●ダニエル・キイス（一九二七～二〇一四）主な作品は『五番目のサリー』『24人のビリー・ミリガン』『クローディアの告白』など。アメリカの作家。雑誌編集者などを経て、教職につく頃から小説執筆を開始。後に作家専業となる。一九五九年、中編小説として発表された本作は、六六年に長編に改作され、世界的なベストセラーとなった。
●出典：ハヤカワ文庫（小尾芙佐訳）

7 旅こそ人生

冒険の旅、探求の旅、遊興の旅。
人は移動する生き物だ。

一〇年にわたる新しい冒険におけるいくつかのおどろくべき事件については、またいずれ物語る機会もあろう。

『ロビンソン・クルーソー』（一七一九年）デフォー

二七年の島暮らしの末に

大航海時代（一六世紀〜一八世紀初頭）のイギリスは航海記や旅行記のブームだった。この形式に似せ、あたかも主人公自らが記したノンフィクションのような顔で出版されたのがダニエル・デフォー『ロビンソン・クルーソー』である。

〈一六三二年、ヨーク市の裕福な家に生まれた〉という無愛想な書き出しで物語ははじまる。青年時代に家を飛び出し、何度も海での苦難に遭遇し、やっとブラジルの農園で成功したロビンソン・クルーソー。そんな彼がアフリカへの航海の途中で遭難し、無人島に漂着したのは一六五九年、二七歳のときだった。以来二七年間、彼は島で暮らし続けるのである。

出たとこ勝負の狩猟採集生活から、ヤギを飼い、穀物を栽培し、土器を焼き、舟をつくる生活へ。ロビンソンの生活史はまるで人類史のよう。蛮人の捕虜だった青年を助けてフライデーと名付けるのは島を去るたった二年前にすぎない。

では、物語の最後はどうだったか。下僕となったフライデーと協力して蛮人と戦い、捕虜を助けたロビンソン。反乱が起きたイギリス船の船長を助け、島を去る頃には、彼は手下を抱える島の支配者になっていた！ イギリス船の船長は彼を「総督」と呼ぶのである。イギリスに戻った彼はブラジルで築いた利権で巨万の富を手にするも「例の島のわたしの新植民地」のことが忘れられない。島を出るとき、彼は三人の捕虜を島に残してきたのだった。ラストは彼が島を訪れ、必要な物資や人材を与えてやったという逸話。そして〈以上、およびわたし自身の一〇年にわたる新しい冒険におけるいくつかのおどろくべき事件については、またいずれ物語る機会もあろう〉という自慢げな口上で物語は幕を閉じる。

小さいながらも植民地を持つまでに成り上がったロビンソン。舞台になった島は絶海の孤島ではなく、南米大陸の北部オリノコ川の河口に近い場所。『ガリヴァー旅行記』にも影響を与えた疑似冒険記。植民地支配を当然とする大英帝国的な思想もしっかり刻印されている。

小説のモデルになったのは一七〇四年から四年余の無人島生活を送ったアレキサンダー・セルカークといわれる。約束通り、デフォーは同じ年に第二部、翌年に第三部を発表した。

●ダニエル・デフォー（一六六〇～一七三一）主な作品は『モル・フランダース』『ペスト』『ロクサーナ』など。イギリスの作家。十年近く個人新聞『レビュー』を主宰するなど、ジャーナリストとして幅広く活躍。政府の非国教徒弾圧を風刺して、さらし台に立たされた逸話もある。晩年は写実的なフィクションの分野を開拓し、イギリス近代小説の先駆けとなった。

●出典…中公文庫（増田義郎訳）

この愚劣な罪業の気味のある連中に、私の面前に現われることのないよう筆を擱《お》くに際して心から懇願する次第である。

『ガリヴァー旅行記』（一七二六年）スウィフト

人間不信になったガリヴァー

子ども向けの絵本などで誰もが知ってる『ガリヴァー旅行記』物語。とはいえジョナサン・スウィフトによる原作は、政治的な風刺、皮肉、グロテスクな描写、スカトロジー趣味などが混在する、完璧に大人（それもかなりひねくれた）のための作品である。

リリパット国（小人の国）では他国との争いに巻きこまれ、ブロブディンナグ国（巨人の国）では愛玩の対象となるガリヴァー。子ども向けの物語はここで終わりだが、この先こそが旅行記の真骨頂。科学偏重のラピュータ（空飛ぶ島）と、その支配下にあるバルニバービ。魔法使いのいるグラブダブドリッブ、不死の人々が住むラグナグ、さらには日本を経由して、イギリスに戻ったガリヴァーが最後に赴くのはフウイヌムなる国だ。

そこは人と家畜が逆転した国だった。支配者は理性的で高潔なフウイヌムという馬の種族。家畜化されているのは野蛮で邪悪なヤフーと呼ばれる人間（に似た生き物）。ある家で養われることになったガリヴァーは、自国イギリスに住む人間（ヤフー）の生態を主人に話して聞かせるが、戦争や裁判や首相の地位について話すうち、人間への嫌悪が抑えられなくなる。

かくてイギリスに帰った後も、ガリヴァーは人間嫌いから回復できず、妻子さえも遠ざけるのだ。最終章で表出するのも人間社会への不信である。〈私の執筆の動機は、人類を啓蒙し教導したいという純粋で高潔な動機以外の何ものでもない〉。私が発見した国をゆめゆめ植民地にしようなどともくろむでないぞ。そう釘をさした後、彼が長い旅行記の最後に記した言葉は〈傲慢というこの愚劣な罪業の気味のある連中に、私の面前に現われることのないよう筆を擱くに際して心から懇願する次第である〉。

私の前には現れるなといい放つ。傲慢なのはガリヴァー、あんたのことだ、と突っ込みたくなるものの、スウィフトは野心にあふれた人物で、『ガリヴァー旅行記』は政治抗争に敗れた憤怒の中で執筆された。この本自体、宮廷や政治家を風刺で攻撃する意図を持っていたのである。

宮崎駿のアニメ『天空の城ラピュタ』も、ポータルサイト「YAHOO!」も『ガリヴァー旅行記』からもらった名前。デフォーとは逆に植民地主義を批判しているのがおもしろい。

●ジョナサン・スウィフト（一六六七〜一七四五）主な作品は『書物合戦』『桶物語』『奴婢訓』など。アイルランド出身のイギリスの作家。文人政治家W・テンプルの庇護のもと、政界への野心を燃やすも挫折し、以後は故郷ダブリンの聖職者に納まる。晩年は精神を病み、孤独のうちに生涯を閉じた。
●出典…岩波文庫（平井正穂訳）

十方三世《じっぽうさんぜ》一切仏　諸尊菩薩摩訶薩《まかさつ》　摩訶般若波羅蜜《はんにゃはらみつ》。

『西遊記』（一五七〇年頃）伝・呉承恩

全一〇〇回。ピンチを脱し、また脱し

玄奘三蔵《げんじょうさんぞう》は唐の時代に実在した人物で、天竺《てんじく》（インド）への一六年にわたる旅の末、長安に経典を持ち帰ったのは西暦六四五年のことだった。

ここから生まれた奇想天外な物語が『西遊記』である。全一〇〇回（岩波文庫版で全一〇巻）で構成された物語は、大きく四つの部分に分かれている。

①花果山の石から生まれ、仙術を学んだサルの孫悟空《そんごくう》が天界で大暴れして五行山に封じられる「大鬧天宮」の故事（第一～七回）。②約五百年後、如来の命で下界に降りた観音が取経者を探す話（第八回）。③唐の太宗皇帝が冥界からよみがえり、玄奘を見いだして旅立たせるまでの話（第九～一二回）。④玄奘が孫悟空、猪八戒《ちょはっかい》、沙悟浄《さごじょう》らと出会って天竺への旅を続け、経典をめでたく持ち帰るまでの「西天取経」の故事（第一三～一〇〇回）。

行く先々で妖怪に出くわした一行が得意の術でピンチを脱し、また脱し、また脱し、困難な旅を続ける④の物語はおなじみであろう。もっとも玄奘が女人に誘惑されるなど、子ども用のダイジェスト版からカットされた艶っぽい逸話もあるから油断できない。

五〇四〇日（約一四年）かけ、第九三回で天竺にたどり着いた一行は、第九八回で経典を手に帰路につき、第一〇〇回で唐に戻って経典をわたして太宗の歓待を受ける。ところがそこに如来の使い（八大金剛）が現れ、彼らは高速移動で天竺に連れ戻されるのだ。如来が一行を連れ戻したのは、数合わせの行程を果すためだった。前世の罪を許された一行。玄奘は栴檀功徳仏《せんだんくどくぶつ》という仏に、孫悟空は闘戦勝仏《とうせんしょうぶつ》という仏に昇進した。悟空は玄奘に頭の輪っかを外せと要求する。「お師匠さま、いまじゃおれさまも、あなたと同じように、仏になった身なんですぜ」。でも、もう輪は外れていたのである。

最後は「仏法僧」への帰依を表す経典の一節である。〈十方三世一切仏　諸尊菩薩摩訶薩摩訶般若波羅蜜〉。あらゆる時空の仏よ、偉大な求道者たち（僧）よ、大いなる智恵（法）よ。みなが唱える経で物語のすべてが浄化される、ありがた〜い末尾である。

作者は呉承恩とされてきたが、近年では疑問が呈され、複数人物の共作説が有力らしい。中野美代子の新しい訳（二〇〇五年）はサイコー。勇気と時間がある方はぜひ完読を。

●呉承恩（ご・しょうおん　一五〇〇頃〜一五八二）主な作品は『射陽先生存稿』など。明代の中国の官吏、文人。博学で才気あふれる作品を残したが、生前は不遇だった。『西遊記』作者との説は清代にさかのぼり、魯迅の『中国小説史略』などにより定着したが、明代の刊本に作者名を記したものはなく、確たる証拠はない。
●出典…岩波文庫（中野美代子訳）

蛤《はまぐり》のふたみにわかれ行秋ぞ

『おくのほそ道』（一七〇二年）松尾芭蕉

旅の終点は岐阜県だった

日本人ならみんな知ってる松尾芭蕉『おくのほそ道』。李白からとった〈月日は百代の過客にして、行かふ年も又旅人也〉という発端も有名だ。ではその行程は？　終点は？

芭蕉が江戸深川を発ったのは一六八九（元禄二）年の春だった。ときに芭蕉は数えで四六歳。同行の曽良《そら》は四一歳。三月二七日（新暦の五月一六日）、見送りの人々とともに隅田川を舟でさかのぼった二人は千住で舟をおり、旅の第一歩を踏み出す。旅立ちの句は〈行春や鳥啼魚《とりなきうお》の目は泪《なみだ》〉。鳥の声（嘆き）や魚の目（涙）に重ねた別れの句だ。

日光街道を北上し、二人が目指したのは松島（宮城県）である。『おくのほそ道』はみちのくの歌枕（古い歌に詠まれた名所旧跡）を訪ねる旅。松島は東北最大の歌枕だった。だが芭蕉は、肝心の松島の句を『おくのほそ道』に入れていない（曽良の句のみ収録）。ここで一句詠むのは普通すぎる。わざと「はずす」のが「かるみ」と判断したか。

後半は一転、南へ下る旅である。平泉（岩手県）に寄り、奥羽山脈を越えて日本海側へ出た後は、出羽から海沿いを南下。体調を崩した曽良が途中でリタイアするなどのアクシデントがありつつも、敦賀（福井県）を経由し、終点の大垣（岐阜県）に着いたのは旧暦の八月だった。

大垣には回復した曽良ら大勢の弟子が集まり、にぎやかな時をすごす。が、そこで終わりと思いきや〈旅の物うさもいまだやまざるに、長月六日になれば、伊勢の遷宮おがまんと、又舟にのりて〉と来た。九月六日（新暦の一〇月一八日）になって、これから舟で伊勢参りに行くというのである。かくて最後の句は〈蛤のふたみにわかれ行秋ぞ〉。

蛤の蓋と身が引き裂かれるのにも似た、親しい人々との別れの句。最初は隅田川、最後は揖斐川《いび》。「行春」に旅立った芭蕉は「行秋」に再び旅立つのである。オシャレな構成だけれども、蛤は川下の桑名（三重県）の名物、ふたみは伊勢の二見浦（三重県）にかかっているから、ここでも大垣の風物は織り込まれていない。それも「はずし」か。ひねくれ者だね。

ちなみに芭蕉作と誤解されてきた「松島やあゝ松島や松島や」は別の狂歌師の句。大垣市には現在「奥の細道むすびの地記念館」が建ち、二四〇〇キロに及ぶ旅の全容を追体験できる。

●松尾芭蕉（まつお・ばしょう　一六四四〜一六九四）主な作品は『野ざらし紀行』『笈の小文』『更科紀行』など。京都で北村季吟に学び、三〇歳ごろ江戸に出る。談林派の宗匠となるも、その後、市中から深川の草庵に転居。東北をはじめ諸国を旅するなかで不易流行の理念を確立し、「ほそみ」さらには「かるみ」の作風に到達した。
●出典…岩波文庫

此記行《みちのき》は追てあらはすべく、まづはこゝにて筆をさしおき畢《おわん》ぬ

『東海道中膝栗毛』（一八一四年）十返舎一九

珍道中は下ネタだらけの旅だった

十返舎一九『東海道中膝栗毛』。いわゆる弥次喜多（北）道中。弥次郎兵衛と喜多八（北八）の珍道中を描いてベストセラーとなった、江戸の滑稽本である。

駿河（現静岡県）の商人だった弥次は身代をつぶして江戸に出、神田八丁堀に住む初老の不精者。その弥次宅に居候するのが若い元旅役者の喜多。二人が旅に出たのは、女がらみのイザコザで、つまらぬ日々に辟易したからだった。伊勢詣での後、上方で遊ぼうとの算段である。

珍道中とはしかし、かようなものかと驚愕することしきり。宿場に着くたびに女を買えという誘惑が両人を襲い、彼らがまた下心いっぱいゆえ、遊里や夜の宿屋で起きる珍事の多いこと多いこと。ここにスカトロ、フンドシ、イチモツ等の話題が加わり、物語はもう下ネタだらけ。東西の言葉や風習の差が笑いを生む場合も多く、江戸風を気どる二人は伊勢でも上方でも田舎者だとバカにされる。

大坂で遭遇する最後の珍事は、男めかけを募集中の大金持ちの後家さんとの一事である。

後家さんの心を一瞬つかんだ弥次郎兵衛だったが、色男の役者が訪ねてくるや彼女はそっちに首ったけ。玉の輿の夢は断たれてしまった。が、捨てる神あれば拾う神あり。この話を仲介した大店のだんなが、難事をヘチマとも思わず洒落のめす二人の〈江都気性の大腹中（太っ腹の意味）〉ぶりに感心し、新しい衣類と十分な路銀をわたして大坂から送り出すのだ。

最後は中山道を経由した帰路の紹介。〈木曽路にかゝり、草津の温泉に一回りあそび、善光寺へまはり、妙義は留那（榛名のこと）へ参詣し、めでたく帰国したりける〉。そしてもう一言。〈此記行は追てあらはすべく、まづはこゝにて筆をさしおき畢ぬ〉。

続編の宣伝でちゃっかり終わる抜け目のなさ。『膝栗毛』自体、一八〇二（享和二）年出版の初編（江戸〜箱根）が評判となり、一二年かけて八編一八冊が完結した大作だった。有名だけど教科書には載せにくい古典。一〇代の生徒さんにはいささか刺激が強すぎます。

金比羅参りから江戸帰還までを含む『続膝栗毛』は一八一〇（文化七）年にもう出版がはじまっていた。完結は一八二二（文政五）年。紙の上とはいえ、二人は二〇年も旅を続けたわけだ。

●十返舎一九（じっぺんしゃ・いっく　一七六五〜一八三一）主な作品は『心学時計草』『方言修行金草鞋』など。駿河の生まれ。大阪で浄瑠璃を合作した後、江戸で黄表紙や洒落本を書き、滑稽本『東海道中膝栗毛』で一躍人気に。式亭三馬とともに滑稽本の二大作家と称される。
●出典…岩波文庫

享年六十七。（略）広州を出発してから一年にも満たない旅だった。

『高丘親王航海記』（一九八七年）澁澤龍彦

天竺を目指す旅で出会ったものは

サドやバタイユの翻訳などで知られる澁澤龍彦の遺作は、東洋を舞台にした連作短編集だった。『高丘親王航海記』の書き出しは歴史書風だ。

〈唐の咸通六年、日本の暦でいえば貞観七年乙酉《きのととり》の正月二十七日、高丘親王は広州から船で天竺へ向った。ときに六十七歳。したがうものは安展に円覚、いずれも唐土にあって、つねに親王の側近に侍していた日本の僧である〉

「高岳」親王は平安初期の実在の人物で、父は平城天皇。政変にからんで廃太子となり、出家。空海の高弟となり、晩年は唐から天竺に旅だって行方不明になったと伝えられる。

『高丘親王航海記』は、いわば親王が消息を絶った後の物語である。とはいえ、こちらの「高丘」親王が東南アジア各地で出会うのは、幻想と区別がつかない世界である。人の言葉を話すジュゴン（「儒艮」）。下半身鳥の美女ばかりがいる後宮（「蘭房」）。よい夢も悪い夢も食べる獏（「獏園」）。ミイラ化した遺体から生まれた秘薬（「蜜人」）。行く先々で待ち受ける摩訶不思議な者たちは、さながらボルヘスの『幻獣辞典』並みだ。加えて親王の頭には、父の寵姫だった藤原薬子の幻影が始終、浮かんでいるし。

結末も凄絶だ。旅の途中で病に倒れ、死期を悟った親王は、自ら虎に食われ、虎の腹の中で天竺にわたることを望むのである。ひとり藪の中に入った親王。翌朝の光の中で安展と円覚が見つけたものは〈モダンな親王にふさわしく、プラスチックのように薄くて軽い骨だった〉。そして小説は冒頭と同様、歴史書風に閉じられる。〈享年六十七。ずいぶん多くの国多くの海をへめぐったような気がするが、広州を出発してから一年にも満たない旅だった〉。

親王と二人の僧に美少年（美少女）の秋丸を加えた一行四人が天竺を目指すあたりは『西遊記』風。物語の型でいえば『源氏物語』などと同じ「貴種流離譚」風である。でも、すべては親王の夢だった？　という読者の疑惑を、最初と最後できっちり遮る。あっぱれな幕切れだ。

本書の刊行を待たずに逝った著者。咽頭ガンで闘病中だったこともあり、喉につかえた真珠で親王が病むなど、物語には澁澤自身と重なる部分もある。「享年」の二文字が目に痛い。

●澁澤龍彥（しぶさわ・たつひこ　一九二八～一九八七）主な作品は評論『思考の紋章学』、小説『唐草物語』、訳書『悪徳の栄え』など。サドをはじめ文学史で異端視されてきた作家を好んで論評。エロティシズムやオカルティズムに関する豊穣な考察を展開し、翻訳、評論、小説と多彩に活躍した。

●出典…文春文庫

こういう人たちを中軸にして戦争以前の村は前進していったのである。

『忘れられた日本人』（一九六〇年）宮本常一

「旅の巨人」のフィールドワーク

民俗学者として日本中を旅した宮本常一。「旅の巨人」と呼ばれる彼が生涯に歩いた距離は一六万キロ、地球四周分に当たる。その宮本の代表作が『忘れられた日本人』だ。中国、四国、対馬など西日本を中心に、自身が聞き出した老人のライフヒストリーが一三章分。

と聞くと取っつきが悪いけど、なんのなんの。出てくる話はどれも短編小説のよう。とりわけ本書を有名にした「土佐源氏」は、色男の光源氏も真っ青になる一編だ。高知県檮原《ゆすはら》村（現檮原町）の老人が語る、これは「キタ・セクスアリス」なのだ。

〈助平話ばかりじゃあいそがないのう〉などといいながら、出てくる出てくる女性遍歴。〈わしの子供の頃はまだ学校へいく事をあんまりやかましゅういわなかったでのう。女の子とあそぶ方がよかった〉にはじまって、いわく〈このあたりは案外後家の多いところじゃ〉、いわく〈わしは庄屋のおかた（奥さん）に手をつけてのう〉。

むろんみながこうではないものの、男も女も性におおらか。ウソかマコトかあやしい部分も含め、「無字社会」と著者が呼ぶプレモダンのリアリティーにぶったまげる。

本の最後に、宮本はしかし「文字をもつ伝承者」と題された二つの章を置く。本書の中では唯一東北の福島県草野村（現いわき市）の篤農家が最後の登場人物だ。彼はたびたび訪ねてくる民俗学者に敬意を払い〈この学問は私のようなものを勇気づけますなァ、自分らの生活を卑下しなくてもいいことをおしえてくれるのですから……〉と語る。その人となりを紹介して宮本は書く。民間のすぐれた伝承者が文字を持つと、古い伝承を後世に伝えるだけでなく、生活の改善に熱心に取り組む。〈その中には農民としての素朴でエネルギッシュな明るさが生きている。／そうしてこういう人たちを中軸にして戦争以前の村は前進していったのである〉。

近代と前近代が同居した時代、あるいは前近代から近代への移行期を知る人々。ただの「おもしろおかしい逸話」の収集ではない。村への深い敬愛が感じられる結びである。

「土佐源氏」については大半が作り話だという証言も、もっと露骨な性描写があったという説もある。詳しくは佐野眞一『旅する巨人　宮本常一と渋沢敬三』ほかを参照されたし。

●宮本常一（みやもと・つねいち　一九〇七〜一九八一）主な作品は『家郷の訓』『日本の離島』『民俗学の旅』など。小中学校の教員を務めながら、全国各地を踏査し、独自の民俗学を確立。民具学・旅学・島嶼学といった新たな領域を包摂するその研究は、柳田國男の民俗学と対比して「宮本民俗学」とも呼ばれる。
●出典…岩波文庫

かかる信仰あって、はじめて無双の仏体も造顕されたことは既に述べたとおりである。

『大和古寺風物誌』（一九四三年）亀井勝一郎

偏屈な爺さんのガイドで歩く奈良

二〇一〇年は平城遷都一三〇〇年祭の年だった。興福寺の阿修羅像が東京国立博物館に出張してきたのはその前年で、以来、仏像ガールが増殖中だ。でも、この方の目には、当節のミーハーな仏像ブームも嘆かわしく映るのだろうか。

亀井勝一郎『大和古寺風物誌』。日中開戦の年（一九三七＝昭和一二年）から十数年間、亀井は奈良に足を運び続けた。斑鳩宮《いかるがのみや》にはじまり、法隆寺、中宮寺、薬師寺、唐招提寺、東大寺と回って最後は新薬師寺でしめる。〈これで飛鳥白鳳天平の主なる古寺はひととおり歩いたことになる〉と著者も胸を張るように、戦後、長く読みつがれてきた古寺の定番ガイドである。

ではあるのだが、本書が読者に与えた影響の功罪については再考が必要だろう。〈美術品を鑑賞すべく出かけた私にとって、仏像は一挙にして唯仏であった〉と亀井はいう。仏像は美術品ではなく「み仏」だ。鑑賞するのではなく「拝む」のだ。それが本書の基調である。そのスタンスでいくと、私たちのような俗物の旅行者は〈古寺を巡り、結構な美術品であるなどと見物して歩いているのは実に呑気なことである〉と一刀両断にされ、それどころか博物館の展示も、絵画の修復さえも疑問の対象と化すのである。

み仏への信心はしかも、最終章で微妙なブレを見せる。薬師信仰を最初に具現化し、病者貧民の救済に努めたのは天皇だった。〈天皇信仰という独自のものがわが史上には存在していた〉と亀井はいい、そして続ける。〈かかる信仰あって、はじめて無双の仏体も造顕されたことは既に述べたとおりである〉。仏への信仰が天皇信仰に変わってないか？

ときは一九四三（昭和一八）年。聖徳太子への崇拝ではじまり天皇崇拝で終わる本書は、やはり「戦中の書」なのである。敗戦直後も〈観光地としての大和に、飢餓に衰えた無気力な同胞と、満腹の異邦の客人とが、悲しく行きかう有様を想像してぞっとする〉と書いた亀井。いわば偏屈なお爺さんと歩く奈良。このとき亀井勝一郎はまだ三〇代だったのだけど。

現在読めるのは一九五三年の改訂版。かつての中高生が修学旅行の際によく参考にした本（私も旺文社文庫版で読んだ）。寺の選定を考えると、修学旅行の立案者も参考にしていたのかも。

●亀井勝一郎（かめい・かついちろう　一九〇七〜一九六六）主な作品は『人間教育』『現代人の研究』『日本人の精神史研究』など。プロレタリア文学の論客から転向し、仏教思想や日本の古典へ傾倒。『日本浪曼派』を創刊するとともに、『文学界』同人として「近代の超克」座談会を企画した。戦後は宗教的立場からの文明批評を盛んに行った。
●出典…新潮文庫

本堂のうしろの木陰にはむしろを敷いて機《はた》が出してあった。

『古寺巡礼』（一九一九年）和辻哲郎

闊達な青年のガイドでコケる奈良

一九一八（大正七）年五月、和辻哲郎は友人数人と奈良の寺々をめぐる旅に出た。『古寺巡礼』はそのときの印象記である。当時の和辻はまだ二〇代後半。みずみずしい感受性が炸裂し、亀井勝一郎の求道者ぶりとは対照的だ。

和辻がまず意識を向けるのは、仏教美術と世界史との関連性である。出発前に友人からアジャンタ壁画の模写を見せられたと語り、ギリシアへ、インドへ、中国へと思いをはせる。百済観音から漢の石刻画に飛び、伎楽面からギリシア悲劇を連想する。

彼はまた当時の人々に想像をめぐらせる。『大和古寺風物誌』がありがたがってやまない、皇后が一〇〇〇人の垢を流したという「光明皇后施浴の伝説」も、若き和辻の筆にかかると美女に垢を流された側の身になって〈宗教的な法悦と官能的な陶酔との融合〉ってな生理現象の話になってしまう。〈西洋の風呂は事務的で、日本の風呂は享楽的だ〉とかね。

中宮寺の菩薩像を語った最後の章で、感情はさらに爆発する。〈その与える印象はいかにも聖女と呼ぶのがふさわしい〉〈およそ愛の表現としてこの像は世界の芸術の内に比類のない独特なもの〉と、和辻青年、もうめろめろである。こうして中宮寺の菩薩に最上級の愛を捧げた後、彼は最後の寺に向かうが、そこの描写はたった四行。〈法輪寺の古塔、眼の大きい仏像なども美しかった。荒廃した境内の風情もおもしろかった。鐘楼には納屋がわりに藁《わら》が積んであり、本堂のうしろの木陰にはむしろを敷いて機が出してあった〉。

そ、それだけかい。恋人と情熱的なデートをした後の脱力した帰り道みたい。しかも本堂の裏の機織り機って。うらぶれ感を強調された法輪寺の住職は、さぞ複雑な気分だったろう。

大正デモクラシーの時代の自由な雰囲気も感じさせる本。奈良のゆるキャラ「せんとくん」などを知ったら、亀井勝一郎は激怒しそうだが、和辻哲郎は意外におもしろがりそうな気がする。

現在普及しているのは、若書きの部分を削ったとされる一九四六年の改訂版。ただし二〇一二年には『初版 古寺巡礼』(ちくま学芸文庫)が発売された。読み比べるのも一興である。

●和辻哲郎(わつじ・てつろう 一八八九〜一九六〇)主な作品は『風土』『倫理学』『鎖国』など。ニーチェ、キルケゴールの研究から出発し、独自のハイデガー解釈を通じて「人間の学」としての倫理学を確立。また、日本・中国・インド・西洋の思想史、文化史研究に大きな業績を残す。
●出典…岩波文庫

遺体が発見されたのは、その年の四月に入ってからであった。

『孤高の人』（一九六九年）新田次郎

北鎌尾根での遭難の顚末は

山好きの人にとって槍ヶ岳は憧れの山、加藤文太郎《ぶんたろう》は憧れの登山家だろう。新田次郎『孤高の人』はその加藤文太郎の生涯に取材した山岳小説である。

一九〇五年（明治三八年）、兵庫県の日本海側の町・浜坂町（現在の新温泉町）に生まれた加藤は、高等小学校卒業後、研修生として神戸の造船所に入社。同僚に地図の読み方を教わり、上司に才能をみこまれて山にのめりこむ。彼が伝説の登山家となった理由は、とてつもない体力と「はや足」の持ち主だったこと、そして単独行にこだわったことである。山岳会にも参加せず、山で出会った人々とも群れない。生涯にただ一度を除いては。

「ぼくとザイルを組んでくれませんか」。誘ったのは宮村健《たけし》。加藤を崇拝し、やはり単独行を重ねてきた年下の登山家である。加藤は迷いながらも承諾する。めざすは冬の北鎌尾根。槍ヶ岳の中でも険しいことで有名な難ルートである。下界ではしおらしかった宮村はしかし、ふもとの温泉宿で会った二人組と同行するといいだし、見栄をはって無謀な登頂を試みる。

「宮村君、下山しよう」「加藤さんが、これくらいの吹雪で退散ですか」

結末はご想像通り。〈加藤文太郎の遺体が天上沢第三吊橋付近で発見され、さらにその上流で宮村健の遺体が発見されたのは、その年の四月に入ってからであった〉。

一九三六（昭和一一）年一月。享年三〇。結婚して娘が生まれ、冬山はこれが最後と決めていた矢先の遭難だった。幻視と幻聴の中で愛する妻子の夢をみる加藤。『孤高の人』はすべてこのラストに向けて構成されている。孤高の登山家の悲劇である。

なんだけど、史実は若干異なる。遺体発見の経緯はこの通りだが、宮村健のモデルとなった吉田登美久はここまで愚かではなく、加藤もここまで頑迷ではない。より困難な冬山をめざし、北鎌尾根に誘ったのも加藤のほうだった。ひとり（加藤）をヒーローに、ひとり（宮村）をヒールに描き分けたのは作劇上の力業。感動巨編なんだけどな。贔屓の引き倒しだったかな。

事故の実際の顚末と加藤文太郎について知りたい方は、加藤文太郎『新編　単独行』、谷甲州『単独行者（アラインゲンガー）』（ともにヤマケイ文庫）をどうぞ。

●新田次郎（にった・じろう　一九一二〜一九八〇）主な作品は『縦走路』『八甲田山死の彷徨』『武田信玄』など。妻・藤原ていの『流れる星は生きている』がベストセラーとなったことなどを機に、小説執筆を志す。『強力伝』で認められ、以後、中央気象台での勤務経験を活かした山岳小説、さらには歴史小説などでも新境地を開いた。
●出典…新潮文庫

垂直の山から水平の極地へと、私の夢は無限にふくらんでいく。

『青春を山に賭けて』（一九七一年）植村直己

そうだ、ヨーロッパ・アルプスに行こう

〈いやいやながら山登りをはじめて十年目、とうとう世界五大陸の最高峰を全部この足で登ってしまったんだから、われながらビックリする〉。植村直己『青春を山に賭けて』の書き出しである。不世出の冒険家が残した、これは爽快な自伝的エッセイだ。

先輩のだまし討ちに近い形で明治大学の山岳部に入部。当初、日本アルプスの場所さえ知らなかった青年は、卒業がせまる頃には立派なヤマ屋になっていた。就職なんかどうでもいい。外国に行きたい。〈そうだ、ヨーロッパ・アルプスに行こう。そして、日本にない氷河をこの目で見よう〉。まずはバイト代を稼ごうと、船で渡米したのが一九六四年。本書はそれから五大陸最高峰を制覇するまでの旅と登頂の記録なのだ。

といっても、その内実は貧乏放浪記に近い。カネなしコネなし、あるのは若さと情熱だけ。カリフォルニアの農園では不法就労であわや強制送還になりかける。スキー経験も浅いのにフランスではスキー場のパトロール隊に加わる。資金を貯めて現地にたどり着いても、いわれることは「ひとりで登るのはやめておけ」「命を大切にしろ」「許可できない」。

彼の目はしかし、目標に到達するたびに「次」を発見するのである。モンブランの次はキリマンジャロ。アコンカグアの次はマッキンリー。マッキンリーの後は南極大陸単独横断！

しかし、南極への道は遠かった。七七年に出版された文庫版のあとがきに、それでも彼は新たな目標を書き足した。〈いまの私には、これまで人前では決して口にすまいと心に決めていた夢がある〉。それは南極大陸の最高峰ビンソン・マシフへの登頂。〈山の経験を生かし、垂直の山から水平の極地へと、私の夢は無限にふくらんでいく〉。

南極への夢は結局かなわないまま、一九八四年二月、マッキンリーへの冬季単独登頂後、不屈の冒険家は消息を絶った。このとき植村、四三歳。かつて南極大陸横断を誓ったその山で、彼は何を思っただろう。やはり無限の夢、だっただろうか。

植村が五大陸最高峰（モンブラン、キリマンジャロ、アコンカグア、エベレスト、マッキンリー）を制覇したのは一九七〇年。うち四峰は単独行。世界初の快挙だった。

●植村直己（うえむら・なおみ　一九四一〜一九八四）主な作品は『極北に駆ける』『エベレストを越えて』『植村直己の冒険学校』など。登山家、冒険家。五大陸最高峰登頂に世界で初めて成功。一九八四年には世界初のマッキンリー冬季単独登頂に成功するも、翌日のチャーター機との交信後、消息を断った。

●出典…文春文庫

たった三週間のあいだに、二貫目も太ってしまったわけだ。

『巴里の空の下オムレツのにおいは流れる』（一九六三年）石井好子

日本のシャンソン歌手の草分けである石井好子は名エッセイストでもあった。『暮しの手帖』の連載をまとめたロングセラー『巴里《パリ》の空の下オムレツのにおいは流れる』は池波正太郎や檀一雄に先んじる先駆的な旅と食のエッセイである。

最初の章の書き出しは〈「夕食にしましょうか」／マダムがドアから顔をだした〉。パリで暮らしはじめたばかりの好子にオムレツをふるまってくれた下宿先のマダム。「ずいぶんたくさんバタを入れるのね」「そうよ、だから戦争中はずいぶん困ったわ」

このへんからエッセイは巧みにレシピに移行する。〈熱したバタにそそがれた卵は、強い火で底のほうからどんどん焼けてくる。それをフォークで手ばやく中央にむけて、前後左右にまぜ、……〉とかやられると、行間から立ちのぼるバターの匂いが、もうたまらない！

●行間から立ちのぼるバタの匂い

日本人の海外渡航が自由化されるのは一九六四年。石井が歌手をめざして渡仏したのは一九五一年である。コールスロー、ハンバーガー、フォンデュ、ポトフ、ブィヤベーズ、ガーリックトースト、ニョッキ、クレープ……といった今日ではおなじみの料理の数々（すべて作り方つき！）も、読者にはとんでもなくハイカラに思えたにちがいない。

最終章で紹介されるのは、スペインやドイツやイタリアで出会った料理だ。パエリァ、ソーセージ、ザウエル・クラウツ、ラザーニ、ピツァ、ミネストローネ。

イタリア料理店では大皿のスパゲティの後にこってりした肉料理が出てきて、食べきれない。が、ケチな日本人とも思われたくない。かくて〈一日二回山もりのスパゲティにチーズをたっぷりふりかけて食べたあげく、ケチな日本人とあなどられないため、愛国心を出して肉までたべたから、たった三週間のあいだに、二貫目も太ってしまったわけだ〉。

二貫目といえば七・五キロ。数字はシャレにならないが、食べる話を体重の話で落とすのはちょっと粋。ひとさじの自虐的な表現がピリッと効いている。

『暮しの手帖』は一九四八年（この誌名になったのは五三年）創刊の生活雑誌。料理ページも当然あったが、料理と海外情報と読み物の楽しさが一体となった随筆は圧倒的に新しかった。

●石井好子（いしい・よしこ　一九二二〜二〇一〇）主な作品は『女ひとりの巴里ぐらし』『さよならは云わない』など。シャンソン歌手、エッセイスト。戦後まもなくジャズ歌手としてデビュー後、渡仏しシャンソン歌手として欧州各国の舞台に出演。帰国後は日本のシャンソンブームを牽引する一方、音楽事務所を設立し加藤登紀子ら後進の育成にも積極的にあたった。

●出典…河出文庫

「二つのヴァイオリンのための協奏曲」を奏でて、しばし幽玄の世界を逍遥しようと試みるつもりでいる。

『ヨーロッパ退屈日記』（一九六五年）伊丹十三

『ポパイ』に先んずること二〇年

日本男児が食べ物や着る物にこだわるのは、かつてはハシタナイことだった。禁が解かれたのは『ポパイ』（一九七六年創刊）を読んだ少年たちが大人になった八〇年代の中頃からだろう。伊丹十三『ヨーロッパ退屈日記』はそれより二〇年も前に、ヨーロッパ式の衣や食や車や芸術に関する講釈を垂れた先駆的なエッセイ集。伊丹の最初の著作である。

この本の一人称は「わたくし」である。「わたくし」は日本式の外国語の発音や欧州のまねごと文化にたいへん厳しい。英国車ジャガーは「ジャギュア」、シャルル・ジョルダンは「シャルル・ジュールダン」と記述する。プディングをプリンと呼ぶ国を「うら悲しい」といい、ケチャップ炒めのナポリタンを「いためうどん」と断じる。スパゲッティの正しいゆで方とフォークへの巻き方。ミモザという名のカクテル。アーティショーなる野菜。エルメスのバッグ。ミシュランが発行するガイドブック。いずれも当時の日本人には未知との遭遇であった。

だが、本の終盤で、もうひとりの伊丹十三が顔を出す。

ラストは音楽談議である。四国松山ですごした高校時代の音楽体験から、彼は自分が音楽コンプレックスを克服するまでの過程を明かす。無名のピアニストとの出会い。バッハに心酔する友人と、ヴァイオリンを習うその弟の思い出。自身も二一歳でヴァイオリンをはじめた伊丹は、楽器は幼児期から習うべしという説を〈最も悪質なデマである〉と否定する。

そして、くだんの友人の弟（彼はオーケストラの奏者になった）が訪ねてくるという話で一巻は閉じられるのだ。〈われわれはバッハの「二つのヴァイオリンのための協奏曲」を奏でて、しばし幽玄の世界を逍遥しようと試みるつもりでいる〉。

音楽体験の原点が得意のヨーロッパではなく、四国だったというパラドクス！　バッハに仮託した最後の一文は伊丹一流の照れ隠しと解すべきだろう。スノビズムの向こうのシャイな一面。思えば衣や食の話も、私小説的な「私語り」を避ける彼一流の策だったのかも。

海外映画に出演するために渡欧した伊丹。初版の表紙に印刷された山口瞳のキャッチコピーは「この本を読んでニヤッと笑ったら、あなたは本格派で、しかもちょっと変なヒトです」だった。

●伊丹十三（いたみ・じゅうぞう　一九三三〜一九九七）主な作品は『女たちよ！』『日本世間噺大系』『フランス料理を私と』など。俳優、映画監督、エッセイスト、翻訳家、商業デザイナー。多芸多才ぶりはつとに知られ、その活躍は多岐にわたる。父は映画監督の伊丹万作、夫人は女優の宮本信子で、作家の大江健三郎は義弟。

●出典：新潮文庫

私は花矢倉の上から、高野山のかたへ日が落ちるのを眺めながら、茫然とそんなことを思いつづけていた。

『かくれ里』（一九七一年）白洲正子

歩いて見て考えた近江と大和

白洲正子には近寄りがたいセレブのイメージがある。だが彼女は「韋駄天お正」の異名をとる名うての行動派だった。代表作『かくれ里』にもその一端がうかがえる。〈秘境と呼ぶほど人里離れた山奥ではなく、ほんのちょっと街道筋からそれた所に、今でも「かくれ里」の名にふさわしいような、ひっそりとした真空地帯があり、そういう所を歩くのが、私は好きなのである〉と宣言してはじまる紀行文。近江（滋賀県）と大和（奈良県）を中心に近畿一帯の古刹を訪ね、能面や石仏との出会いをつづる。オトナの渋い旅である。

ただし、渋いだけでは終わらないのがこの本で、天衣無縫な思索が随所にはさまる。

最終章「葛城から吉野へ」も正子らしい一編。吉祥草寺（奈良県）を訪ねた正子が語るのは、この地で生まれた役行者《えんのぎょうじゃ》（役小角《えんのおづぬ》）と山岳信仰の話である。

役行者は修験道の開祖とされる七世紀の人物だが、彼も最初は〈ただえたいの知れぬ力に駆りたてられて、山から山へさまよったに違いない〉と正子は想像する。そして舞台は吉野の桜本坊（奈良県）に飛び、さらに思索が続くのだ。〈文化は発達しすぎると、柔弱に流れる。人間は自然から遠ざかると、病的になる〉。それを救ったのは〈山岳信仰の野性とエネルギー〉である。役行者の精神は一〇〇年後の弘法大師に受け継がれた。

吉野山と高野山は同じ山脈の峰続きで、九里（三六キロ）しか離れていない。行者たちなら一日の行程だが、〈それは何と近くて遠い道のりであることか。私は花矢倉の上から、高野山のかたへ日が落ちるのを眺めながら、茫然とそんなことを思いつづけていた〉。

吉野山（役行者）と高野山（弘法大師）をエイヤッとつなげる力業。役行者も弘法大師も山を歩き続けた人だった、という点に正子は注目する。自分だったら一日で三六キロを歩けるだろうかと自問するかのような末尾。インドア派にはない発想。健脚家の思想である。

現在は滋賀県や奈良県の観光ポータルサイトでも『かくれ里』関係の情報を提供中だ。ただし正子によれば、有名寺の観光は「テレビや洗濯機を買うのと同じ」らしい。スンマセン。

●白洲正子（しらす・まさこ　一九一〇～一九九八）主な作品は『能面』『世阿弥——花と幽玄の世界』『十一面観音巡礼』など。海軍大臣・文部大臣などを歴任した、樺山資紀伯爵の孫娘。四歳より梅若宗家で能を修業し、女人禁制の能舞台に演者としてはじめて立つ。古美術、古典文学、紀行など、幅広い分野で著作を残した。夫は官僚・実業家の白洲次郎。
●出典…講談社文芸文庫

私だけ、いつ、どこで途中下車したのだろう。

『犬が星見た』（一九七九年）武田百合子

ソ連への団体ツアーに参加して

「昭和四十四年六月十日　晴」から記録ははじまる。〈横浜大桟橋に九時十五分前に着く。／ハバロフスク号は真白い船だ。大桟橋の左に横づけになっていた〉。

武田百合子『犬が星見た』は「ロシア旅行」という副題を持つ旧ソ連への旅行記である。同行者は夫で作家の武田泰淳と、その友人で評論家の竹内好。文学者然とした取材旅行ではない団体ツアーで、一行は一〇人。泰淳も竹内も、そこではただのオジサンである。闊達な竹内とは裏腹に、百合子が描く泰淳はまことに甘ったれで気がきかない。しかも、行きの船中でもう「百合子。面白いか？　嬉しいか？」などと聞くのである。「面白くも嬉しくもまだない。だんだん嬉しくなると思う」と答える百合子。

ナホトカまで船で行き、列車でハバロフスクへ。その先は飛行機を乗り継いで中央アジアの都市に寄り、レニングラードへ、さらにモスクワへ。半日は博物館や寺院や宮殿などの観光地をバスで回り、残りは自由時間という修学旅行みたいな旅。その旅程を淡々とつづっているだけなのに、読者は一行とともに大陸を旅しているような錯覚を覚えるはずだ。百合子の筆が冴えるのはディテールで、〈朝食／○パン、バター／○チーズ大切四片／○にんにくの匂いの強いソーセージ四片／○紅茶〉なんていう食事の記録は特に秀逸。

旅はいちおう「七月四日　うす曇」で終わるが、「あとがき」にいたって、読む人はショックを受ける。泰淳も竹内も、もうこの世にはいないのだ。

〈帰国の折りの飛行機は、二人をのせそのまま宇宙船と化して軌道にのり、無明の宇宙を永遠に回遊している〉。夫とその友人は楽しげに酒を飲んでいる。酒盛りには旅の仲間の銭高老人も加わる。百合子は書く。〈私だけ、いつ、どこで途中下車したのだろう〉。

最後の最後で吐露された寂しさ。楽しいばかりの旅の景色が急にちがった風に見えてくる。


〈ビクターの犬そっくりに坐って、頭をかしげ、ふしぎそうに星空を見上げて動かない。／まことに、犬が星見た旅であった〉（あとがき）が表題の由来。泰淳は七六年、竹内は七七年に他界した。

●武田百合子（たけだ・ゆりこ　一九二五～一九九三）主な作品は『ことばの食卓』『遊覧日記』など。地主の娘として生まれるも、敗戦後に生家が没落。カフェの店員時代に出会った武田泰淳と結婚し、一女をもうける。夫の死後、その思い出をつづった『富士日記』を発表し、以降、寡作ながら文章家として高い評価を受けた。
●出典…中公文庫

私も、ユルスナールみたいに横でぱちんととめる、小学生みたいな、やわらかい革の靴をはきたい。

『ユルスナールの靴』（一九九六年）須賀敦子

さすらう女性作家の足跡を追って

マルグリット・ユルスナールというフランスの女性作家がいる。一九〇三年にベルギーのブリュッセルで生まれ、ヨーロッパやアメリカなどの各地に住み、一九八七年にアメリカ北部メーン州の小さな島で八四年の生涯を閉じた。須賀敦子『ユルスナールの靴』はそのユルスナールの人と作品に、自身の人生と記憶を重ね合わせた、作者の言葉を借りれば〈ユルスナールのあとについて歩くような〉作品である。書き出しは靴の話だ。〈きっちり足に合った靴さえあれば、じぶんはどこまでも歩いていけるはずだ。そう心のどこかで思いつづけ、完璧な靴に出会わなかった不幸をかこちながら、私はこれまで生きてきたような気がする〉。文学好きの心は、ここでもう鷲づかみである。

ユルスナールが定住先を持たないノマドだったように、須賀敦子も二〇代でパリに留学してからローマ、ミラノと移り住み、計一五年をヨーロッパですごした。幼少期の思い出から、戦争中の女学校時代、各地で出会った隣人や風景や絵画の話が本書には満載である。

最終章「小さな白い家」で、作者はユルスナールの終焉の地を訪ね、彼女が伴侶の女性グレースと暮らした家と墓を見る。そして最後はまた、靴の話に戻るのだ。

〈もうすこし老いて、いよいよ足が弱ったら、いったいどんな靴をはけばよいのだろう〉と彼女は考える。その年齢になって靴をあつらえるなら〈私も、ユルスナールみたいに横でぱちんととめる、小学生みたいな、やわらかい革の靴をはきたい〉。

最晩年の写真に写ったユルスナールがはいている靴。それは作者が幼い頃の〈小さな編み上げの靴〉に似ていたというのだ。気になって最初のほうに戻ると、あったあった。五歳の頃の写真に〈黒いエナメルの、横でパチンと留める靴〉が写っていた。

書き出しと書き終わりの、歩調を合わせた美しさは群を抜く。小さすぎるシンデレラの靴でも、大きすぎるピッピの靴でもない。人生をちゃんと歩いた人の靴の物語である。


五〇代後半で随筆を書きはじめた著者の最後の著作。ユルスナールの代表作『ハドリアヌス帝の回想』『黒の過程』への言及もあり。評伝と自伝と紀行文と文学論を合わせたような一冊。

●須賀敦子（すが・あつこ　一九二九～一九九八）主な作品は『ミラノ　霧の風景』『コルシア書店の仲間たち』『トリエステの坂道』など。大学卒業後イタリアに渡り、結婚。ミラノを拠点とする知識人グループに加わり、日本文学の翻訳などに携わる。夫と死別後、帰国し、イタリア文学者となる。作家活動は晩年の短い期間だったが、洗練された力強い文章によるエッセイを残した。
●出典…河出文庫

志摩はカーチャとともに車に向かって走り出した。

『オリガ・モリソヴナの反語法』（二〇〇二年）米原万里

かつての恩師の隠された過去

一九六〇年代、チェコスロバキアの首都プラハにあったソビエト大使館付属八年制普通学校。米原万里『オリガ・モリソヴナの反語法』は、この学校でダンスを教えていた女性教師の人生を、かつての教え子がたどるサスペンスフルな長編小説だ。

オリガ・モリソヴナは自称五〇歳だが、子どもの目には七〇歳にも八〇歳にも見えた。オールド・ファッションな衣装に身を包み、髪を金髪に染め、真っ赤な口紅とマニキュア……というような度肝をぬく外見の女性である。日本人の生徒としてこの学校にいた弘世志摩は、彼女に魅了されていた。しかし、後に彼女は知る。オリガは同僚のフランス語教師エレオノーラ・ミハイロヴナとともに、ある日、解雇されていたことを。

それから約三〇年。ソ連崩壊後の一九九二年、大人になった志摩は、かつての同級生カーチャとの再会を果たし、オリガとエレオノーラの消息を尋ねはじめる。ふたりの前半生にはスターリン時代のラーゲリ（強制収容所）にからむ重い歴史が隠されていた……。

ロシア語通訳として、また洒脱なエッセイの書き手として知られる米原万里が残した唯一のフィクション。反語法とはロシア語特有の表現法で、「まあ天才！」「震えが止まらなくなるような神童！」「想像を絶する美の極み！」いずれも反語的な悪罵である。だから二八年ぶりに再会した志摩とカーチャもいいあうのだ。「ずいぶん痩せたんじゃない！」

すべてを知った後、ラストで志摩はひとつの重要な事実に気づく。〈オリガ・モリソヴナの全てが反語法だったのだなとも思えてくる〉。〈まるで喜劇を演じているかのような衣裳や化粧や言動〉は〈悲劇を乗り越えるための手段だったのだ〉と。

「おーい、絶体絶命だぞー」。モスクワ行きの最終列車の時間が迫る中、タクシーの運転手が呼ぶ。〈志摩はカーチャとともに車に向かって走り出した〉。反語法なら「絶体絶命」は「まだ間に合う」の意味。国境も時代も超えた女同士の友情は本当に困ったものだ（反語法）。

米原万里のノンフィクションでは『嘘つきアーニャの真っ赤な真実』がおすすめ。プラハの学校で仲良しだった国籍の異なる三人の友達の行方を訪ねる、やはり女同士の友情の物語だ。

●米原万里（よねはら・まり　一九五〇～二〇〇六）主な作品は『不実な美女か貞淑な醜女か』『魔女の1ダース』『ロシアは今日も荒れ模様』など。九歳から五年間、プラハのソビエト学校で学ぶ。帰国し大学・大学院を卒業後、ロシア語同時通訳としての活動をスタート。一九八〇年設立のロシア語通訳協会の初代事務局長、会長を務め、九〇年代からは作家として活躍の場を広げた。
●出典…集英社文庫

8 社会と人間

人の世は不条理だらけ。
格差、貧困、戦争、差別。

《社会》にたいする最初の挑戦的行為として、ラスティニャックはニュシンゲン夫人の屋敷へ晩餐をとりに出かけた。

『ゴリオ爺さん』(一八三五年)バルザック

出世したい青年と「下流」に転落した老人

物語は一八一九年のパリの下宿屋からはじまる。住人のウージェーヌ・ド・ラスティニャックは二二歳。田舎から出てきた法科の学生で、漠然と出世を夢見ている。一方、ゴリオ爺さんは六九歳。昔は裕福なパスタ屋(製麺業者)だったが、引退してここに越してきた。バルザック『ゴリオ爺さん』は、この二人を核にした激辛の人間ドラマだ。

上の娘(アナスタジー)は伯爵のレストーと、下の娘(デルフィーヌ)は銀行家のニュシンゲンと結婚したゴリオの老後は、予想に反して悲惨だった。彼は二人の娘に全財産を持参金として半分ずつ渡しており、結婚後も娘たちを助けて、最後は無一文になってしまうのだ。

他方、ラスティニャックは、社交界のつてを探してゴリオの娘たちに接近。同じ下宿のヴォートランに「弁護士として働くより、金持ちの女をたらしこむほうが手っ取り早く出世できるぜ」と吹き込まれたりもし、ニュシンゲン夫人の歓心を引くことに成功する。

娘たちにたかられて「下流老人」になった親バカなゴリオ。出世を期しながらも、いまいち悪人になりきれないラスティニャック。

すべてが決するのは、ラストシーンにおいてである。医学生の友人と二人、死の床で苦しむゴリオを看病しつつ、ラスティニャックは父親に会いにくるよう何度も娘たちを説得するが、彼女らの関心は父親にはなく、借金をしてゴリオの葬式を出したのもラスティニャックだった。墓地からパリの街を見下ろして彼は誓う。

「さあ今度は、おれとお前の勝負だ！」最後の一文は〈そして《社会》にたいする最初の挑戦的行為として、ラスティニャックはニュシンゲン夫人の屋敷へ晩餐をとりに出かけた〉。

青年の野心が悪意に変わった瞬間である。虚飾と偽善に満ちた社会への復讐を誓った彼は、さらなる出世をめざしてニュシンゲン家に向かうのである。ラスティニャックはジュリアン・ソレル（『赤と黒』）と似たタイプだが、彼のほうが現実肌だ。舞踏会にうつつをぬかす娘たちと極貧の中で死んだ父。その間を行き来してたら、そりゃ復讐を誓いたくもなる。

『人間喜劇』と題された長大なシリーズの中の一冊。経済格差が非常に激しかった時代のパリを描いており、トマ・ピケティ『21世紀の資本』でも言及されて話題になった。

●オノレ・ド・バルザック（一七九九～一八五〇）主な作品は『谷間の百合』『幻滅』『従兄ポンス』など。フランスの作家。文学を志す一方、さまざまな事業を手がけて失敗し、莫大な負債を背負って創作活動に復帰。約二〇〇〇人の人物が登場する九一編の小説からなる『人間喜劇』で一九世紀前半のフランス社会を活写、リアリズム文学の代表的存在となった。
●出典…新潮文庫（平岡篤頼訳）

さあ、おまえさんは幸せになったんだよ、ぐっすり寝るんだぜ、別嬪さん！

『居酒屋』（一八七七年）エミール・ゾラ

誰も救わぬ貧困女子のリアリズム

主人公のジェルヴェーズは二二歳にして、八歳と四歳の息子の母である。洗濯で生計を立てていたが、内縁の夫のランチエが失踪、ブリキ職人のクーポーと結婚する。まもなく娘が生まれ、小さな洗濯の店を持つまでになったが、そこにあのランチエが帰ってきたあたりから、人生の転落がはじまって……。エミール・ゾラ『居酒屋』は元祖貧困女子の物語である。

一九世紀パリの労働者階級をドキュメンタリー風の冷徹なタッチで描いた長編小説。日本文学で「自然主義」といったら私小説とほぼ同義だが、本家フランスでは、人間の姿を客観的かつ写実的に描く文学運動を指す。その代表作が『居酒屋』だ。

女を食い物にするランチエ。アルコール依存症の果てに病院に収容されるクーポー。DVのたえない家庭で育った娘のナナは一〇代半ばで家出して夜の世界に行き、ジェルヴェーズ自身もまた酒に溺れ、最後は飢えのためにゴミをあさり、客を引くまでになる。

冷静だった語り手も、語気を荒らげざるをえない。

〈ああ！　貧乏人の餓死、飢渇を叫ぶからっぽの臓腑、歯を鳴らして不潔なものを腹いっぱ

い詰め込もうとする獣の欲求、これほど光り輝く金色のこのパリにそれがあるとは!〉
物語は当然のようにジェルヴェーズの死で幕を閉じる。死後二日目に発見された彼女を粗末な棺に納めたのは、昔、彼女が毛嫌いしていた葬儀人夫のじいさんだった。彼はつぶやく。〈「さあ、おまえさんは幸せになったんだよ、ぐっすり寝るんだぜ、別嬪さん!」〉。
この小説がリアルなのは、隣人同士の助け合いとか家族の絆とかいった「心あたたまる」要素がほとんどないことだ。ヒロインの死にも周囲は冷たく、怠けた罰が当たったのだ、くらいの反応。語り手もまた彼女を一切特別扱いはしない。こんな死はいくらでもあるんだぜ、というように。貧困の実態をあからさまに描いたことで、パリでは一大スキャンダルになったという。死が救いになるような生。最後の台詞は社会に対する皮肉にも見える。

二〇巻におよぶシリーズ(ルーゴン・マッカール双書)の七巻目。九巻目がジェルヴェーズの娘を描いた『ナナ』である。こちらは舞台女優としても評判をとった高級娼婦の物語だ。

●エミール・ゾラ(一八四〇〜一九〇二)主な作品は『テレーズ・ラカン』『ジェルミナール』『大地』など。フランスの作家。自然主義文学の旗手として第二帝政下の個人と社会を多面的に描き、自らの方法論を『実験小説論』にまとめた。美術批評家としてマネの理解者となったことも有名。晩年はドレフュス事件の冤罪を告発するなど、人道主義的傾向を強めた。
●出典…新潮文庫(古賀照一訳)

……ったく、……この、未熟者めが！

『桜の園』（一九〇三年）チェーホフ

没落貴族に明日はある？

桜といえば日本では、うすいピンクの花を愛でるものと決まっている。チェーホフ『桜の園』の花は白である。桜は実（サクランボ）をとるための木、なのだ。

『桜の園』は戯曲、作者によれば「四幕の喜劇」である。地主のラネーフスカヤ夫人が娘のアーニャとともに、パリから五年ぶりに帰ってくる。白い花におおわれた懐かしい桜の園に彼女は感激するが、その土地は競売にかけられることが決まっていた。舞台は革命前夜の帝政ロシアだが、劇中ではもう「革命」が起こっている。

土地を競り落としたのは、領内の農奴の子から実業家に成り上がったロパーヒンだった。桜の木を伐採して別荘地として貸し出せば、あなたがたは救われる。そんな彼の提案を夫人は蹴ったのだ。ロパーヒンは叫ぶ。〈今や桜の園はわたしのもの、わたしのものです！〉

旧知の大学生トロフィーモフも、夫人ら貴族＝封建領主に批判的だった。人間を所有する農奴制の愚かさ。過去を償い、現在を生きよう。その言葉に感化された一七歳のアーニャは打ちひしがれている母にいう。〈御一緒に、ここを出て行きましょう！　あたしたちの手で、

ここより立派な新しい園を作るわ。（略）行きましょう、ママ、行きましょう！〉

旧世代の貴族（ラネーフスカヤとその兄のガーエフ）はもうお呼びじゃないのだ。で、ラスト。舞台にひとり残されるのは八七歳の老僕フィールスである。

〈ちょいと寝ていよう……。お前も、衰えたもんだなあ……、まるっきり、なんにも残っちゃいねえ……。……ったく、……この、未熟者めが！……（横たわったまま、動かない）〉

一家が去った後、彼は忘れられ、外から鍵をかけられた家に取り残されたのだ。このまま行けば、まさか、遺体で発見されること必至⁉　農奴解放令の際もフィールスは市民になることを拒んだ。遠くに木を伐採する音が聞こえる。桜の老木と老僕がともに滅びる末尾。「未熟者めが！」は彼の口癖だが、最後の一語は帝政ロシアへの罵倒にも思える。

「未熟者めが！」は神西清の訳（新潮文庫）では「出来そこねえめが！」。ロシア革命の発端となった血の日曜日（一九〇五年）の直前の作品。革命への気運はもう整っていたのかも。

●アントン・パーヴロヴィチ・チェーホフ（一八六〇～一九〇四）主な作品は『六号室』『中二階のある家』、戯曲『かもめ』など。ロシアの作家。父が破産し、苦学しながら医学部へ。在学中から家計を支えるため風刺雑誌にユーモア短編を執筆。やがて本格的な文学を志し、優れた人間観察とペーソスに満ちた作品群を生み出した。短編の名手、近代演劇の完成者として知られる。

●出典…岩波文庫（小野理子訳）

彼女は顔をあげて納屋のなかを見まわした。唇はとじられて神秘な微笑を浮べた。

『怒りの葡萄』(一九三九年)スタインベック

移住者を取り巻く過酷な現実

わかりやすくいえば、スタインベック『怒りの葡萄《ぶどう》』は米国版のプロレタリア文学だ。刑務所で四年間服役し、仮釈放になったトム・ジョードが故郷のオクラホマに帰ると、家はもぬけの殻だった。砂嵐で耕作不能になった土地を捨て、一家はカリフォルニアを目指して旅立っていたのである。家族と再会したトムに元説教師のケーシーらをまじえ総勢一三名となった一行は、おんぼろトラックでルート66を走る。

しかし、旅の途中で祖父と祖母は死に、兄は脱落、目的地のカリフォルニアではさらに過酷な現実が待っていた。そこには農業の機械化で土地を失った移民が大量に押し寄せ、労働者を徹底的に搾取する構図ができあがっていたのである。移住者は「オーキー」と呼ばれて差別され、一家はますます追いつめられていく。

偶数章ではジョード一家の動向を、奇数章では一九三〇年代の経済や社会状況を追う形式。人物の内面を描かず、外面描写に徹した書き方はドキュメンタリー風だ。作者はモーゼがイスラエルの民を率いてエジプトを脱出する旧約聖書の「出エジプト記」を意識したらしい。

ただし、このラストには白ける。

嵐の中で出産に臨んだトムの妹ローザシャーン（「シャロンのバラ」の意）。だが、赤ん坊は死産だった。身を寄せた納屋には瀕死の男がいて、幼い息子が訴えていた。「飢え死にしそうなんだ。綿畑で病気になったんだ」。母の目配せに応じて〈『シャロンのバラ』は布団の片端をゆるめて胸の乳房をあらわにした。「のまなきゃいけないわ」と彼女は言った〉〈彼女の手が男の頭のうしろに伸びて、それをささえた。指が、やさしく男の髪をまさぐった。彼女は顔をあげて納屋のなかを見まわした。唇はとじられて神秘な微笑を浮べた〉。

宗教画を思わせる感動的な結末である（とされている）。「乳と蜜が流れる地」の現実を、聖母マリアのイメージで超えようとしたのか。とはいえ、若い女の犠牲的行為を際だたせて終わる気持ち悪さ。資本主義の矛盾が、聖母の微笑では解消できるとでも思った？

ジョン・フォード監督の映画も有名。「怒りの葡萄」は聖書の「黙示録」、「シャロンのバラ」はパレスチナに咲く純潔のシンボルで、旧約聖書の「雅歌」に由来する言葉だそうだ。

●ジョン・スタインベック（一九〇二～一九六八）主な作品は『二十日鼠と人間』『赤い小馬』『エデンの東』など。アメリカの作家。大学で文学や海洋生物学を学んだのち、ニューヨークでの記者生活などを経て、創作を開始。故郷カリフォルニア州の風土を背景に、貧しい農民たちの生活を共感をこめて描いた。

●出典：新潮文庫（大久保康雄訳）

こんどはセブン・ポーカーといくか。

『欲望という名の電車』（一九四七年）テネシー・ウィリアムズ

ブランチは女性版「フーテンの寅次郎」⁉

テネシー・ウィリアムズ『欲望という名の電車』。新劇ファンにはよく知られた二〇世紀を代表する戯曲である。主役のブランチは、日本では杉村春子の当たり役となった。

舞台はニューオーリンズの下町。屋敷をなくして行き場を失ったブランチ・デュボアが、妹のステラの安アパートを訪ねてくる。メモを手にしたブランチは道を尋ねる。〈「欲望」という名の電車に乗って、「墓場」という電車に乗りかえて、六つ目の角でおりるように言われたのだけど──「極楽」というところで〉。欲望、墓場、極楽はいずれも固有名詞。彼女は「欲望通り」を走る路面電車でここに来たのだ。

ステラは姉を歓迎するが、ステラの夫のスタンリーは貧しい退役軍人で、ボウリングとポーカーが楽しみという無教養な労働者。南部の大地主の家で生まれ育ったブランチには我慢ならない。一方、スタンリーも居候のくせに気取ったブランチが気に入らない。家庭の日常を乱すやっかい者という意味で、ブランチは女性版「フーテンの寅次郎」かも。過去の秘密を暴かれ、新しい恋も失ったブランチは、結局ここを出て行くしかない。

迎えにきたのは、ブランチが空想する百万長者の恋人ではなく、医師だった。〈どなたかは存じませんが――私はいつも見ず知らずのかたのご親切にすがって生きてきましたの〉と医師の腕にすがるブランチ。〈ブランチ！　ブランチ！　ブランチ！〉妹の声を背に、彼女は男たちがポーカーをする部屋をふりむきもせずに出て行く。泣きじゃくるステラを慰めるスタンリー。ポーカー仲間の声がかぶさる。〈こんどはセブン・ポーカーといくか〉。

最後の一言は、夫婦がもとの日常に戻るための合図だろう。

南北戦争後の没落に耐えられない姉と、新しい環境になじんだ妹。精神を病んだブランチは悲劇の女性だが、半面、究極の自由人である。いいじゃないの、過去に誰と寝たって、虚言が多くたって。女の風来坊は許されない、と宣告するような幕切れではある。

エリア・カザン監督の映画（一九五一年）では、ブランチをヴィヴィアン・リー、スタンリーをマーロン・ブランドが演じた。ブランチはスカーレット・オハラのネガ版といえるかも。

●テネシー・ウィリアムズ（一九一一～一九八三）主な作品は戯曲『ガラスの動物園』『やけたトタン屋根の猫』『二人芝居』など。アメリカの劇作家。大学卒業後、各地を放浪しながら創作を続け、『ガラスの動物園』と本作で戦後アメリカ演劇を代表する作家のひとりに。六〇年代には酒や麻薬で私生活が荒れるも、死の直前まで多産な活動を続けた。

●出典：新潮文庫（小田島雄志訳）

あんなに長いあいだ引き廻されながら、歌ひとつうたえないなんて。これでは歩き損じゃないか、というのだ。

『阿Q正伝』（一九二二年）魯迅

冤罪で処刑されたホームレスの男

〈私が阿Q《あキュー》の正伝《せいでん》を書こうと思い立ってから、もう一年や二年ではない。しかし書きたい一面、尻込みもする〉。魯迅「阿Q正伝」の、煮え切らない書き出しである。さもありなん。正伝、すなわち伝記を書こうにも、阿Qは本名も原籍も経歴もはっきりしない男なのだ。家も家族も定職もなく、土地廟（日本でいえば鎮守の社）に住み、日雇い労働でわずかな稼ぎを得ている。気の小さい男だが、自尊心だけは強く、口論になると「おいら、むかしは――おめえなんかより、ずっと偉かったんだぞ」といい返す。

何をやってもうまくいかない阿Qは、革命騒ぎに地主たちがおびえているのを見て、ふと〈革命も悪くないな〉と考える。〈こん畜生どもをカクメイしてやる、憎い野郎どもを！……おいらだって、革命党にくらがえできるぞ！〉。しかし、相手にされるわけもなく、結局は窃盗団の一味と誤解され、逮捕投獄の上、処刑されるのだ。

ときは清国が倒れ、中華民国が成立した辛亥革命（一九一一～一二年）の頃。阿Qは冤罪で処刑されたわけだが、彼に同情する人は誰もいない。

とりわけグサッとくるのはラストである。刑場に向かう道で、はじめて〈首をちょん切られに行くのではないか？〉と気づいた愚鈍な阿Q。語り手は事件後の「世論」について記す。村の人々は阿Qを悪人と断じた。〈銃殺に処せられたのが何よりの証拠、悪くなければ銃殺されるはずがない〉と。一方、城内の人々は不満だった。〈銃殺は首斬りほど見ておもしろくないから。それになんと間ぬけな死刑囚ではないか。あんなに長いあいだ引き廻されながら、歌ひとつうたえないなんて。これでは歩き損じゃないか、というのだ〉。

茫然自失し、声も出なかった阿Qと、すべてを見世物として消費する世論。今日のジャーナリズムやインターネットにも通じる話ではある。公開処刑の方法が変わっただけで。

阿Qの処刑方法が、かつて彼が目にした絞首刑だったのか、人々がいうように銃殺だったのかは不明。訳者の注によれば、死刑が銃殺に変わったのは革命後という。

●魯迅（ろじん　一八八一～一九三六）主な作品は『狂人日記』、作品集『故事新編』など。中国の作家、思想家。本名は周樹人。字は予才。魯迅のほか多くの筆名がある。日本に留学して医学を志し、のち文学に転じる。帰国後、辛亥革命への幻滅の中から、中国社会の現状を鋭く批判する作品群を発表。その活躍は多方面に及び、中国近代文学の祖となった。
●出典…岩波文庫（竹内好訳）

ふたりは（略）爆弾の火の雨をまえにして、はじめてわずかにまことの夫、妻として生きようとした。

『迷路』（一九五六年）野上弥生子

上流社会の愛と戦争

文庫版の上下巻で計一三〇〇ページに近いボリューム。野上弥生子『迷路』は、それでも読者を飽きさせない、世界文学級の長編小説だ。

菅野《かんの》省三《しょうぞう》は左翼運動に走って大学を放逐された、お坊ちゃん育ちの元東大生。かつての運動仲間もみな転向して社会人となり、省三自身は東京と郷里の大分を行き来しながら、家庭教師のアルバイトなどで暮らしている。一方、菅野家と同郷で遠縁の垂水家当主は貴族院議員。娘の多津枝は気ぐらいの高いお嬢様だが、省三とは兄妹に近い関係だ。

この二人と、実業家の養女になった日米ハーフの万里子らを中心に、物語は昭和初期から太平洋戦争突入後までを、ドラマチックに描く。多津枝はパリ在住の財閥の御曹司と結婚し、省三は万里子と結婚して郷里に帰る。フランス文学張りの華族夫人との情事などもあり、ここまでは上流階級の家族のドラマだ。

ところが終盤、省三に召集令状が来て大陸に配属されると、小説は戦場劇に転じるのだ。多津枝は不幸な事故に遭遇し、中国戦線に送られた省三は脱走を企て……。

登場人物の中には弟に家督を譲り、俗世と縁を切って能楽三昧の暮らしを送る老人もいて、この老人・江島宗通《えじまむねみち》がまた異彩を放つ。ラストの主役はこの老人である。空襲が激しくなる戦争末期の東京。寵愛する能楽師に疎開を命じた江島は、数十年来の内縁の妻にいう。「寝よう」。〈ふたりはやがて身に浴びる、同時に日本じゅうで浴びる爆弾の火の雨をまえにして、はじめてわずかにまことの夫、妻として生きようとした〉。

ここにいたるまでには伏線が張られている。江島と同じように、多津枝も省三も命が尽きる寸前に結婚相手への愛に目覚めるのだ。「爆弾の火の雨」を前に房事をはじめるのは、端的に死を意味する。政財界のフィクサーである弟とは逆に、江島宗通は国に反感を抱いていた。「寝よう」のひと言に込められた国家と時代への憎悪。こう見えて、じつは不敵なラストなのだ。

一九三六～七年に一部発表されるも戦争で中断。戦後再開され、完結までに二〇年を要した大作。江島宗通のモデルは、井伊直弼の孫・井伊直忠といわれる。ただし直忠に弟はいない。

●野上弥生子（のがみ・やえこ　一八八五～一九八五）主な作品は『海神丸』『真知子』『秀吉と利休』など。野上豊一郎と結婚し、三児の母となる。夏目漱石に師事し、写生文作家として出発したのち、創作の枠組みを拡大。昭和期に入ると、知的構成力と精緻なリアリズムを備えた本格小説を次々に発表し、晩年まで精力的な執筆活動を行った。
●出典…岩波文庫

そして、再び山道を向うへ、彼の下宿のある方へ、下って行った。

『暗い絵』（一九四七年）野間宏

獄死した友、生き残った「私」

〈草もなく木もなく実りもなく吹きすさぶ雪風が荒涼として吹き過ぎる。はるか高い丘の辺りは雲にかくれた黒い日に焦げ、暗く輝く地平線をつけた大地のところどころに……〉

気負いまくったこの文章は、野間宏『暗い絵』の書き出しだ。暗い絵とはブリューゲルの絵のことで、何ページも続く冒頭の文章は、この絵の印象の描写なのである。

ときは戦時中の京都。京大生の深見進介にブリューゲルの画集を貸してくれたのは同じ京大生の友人だった。画集は後の大阪大空襲で焼けてしまうが、深見はこの画集が忘れられない。京大時代の仲間たち（広島の資産家の息子で画集の持ち主だった永杉英作、静岡の小さな網元の家に生まれた羽山純一、東京の著述家の息子だった木山省吾）といっしょに画集を見た日の記憶が強く残っているからだ。左翼的な反戦運動に傾倒していた三人は、深見を残して獄死した。彼がそれを知ったのは戦地から戻った後のことだった。

ま、ひたいに八の字の寄った小説ではある。深見は自意識過剰で、自分には〈おい。お前。自我の亡者。呻く自我をひっさげて歩きやがって〉とか呼びかけるし、ブリューゲルの絵には自分と同じ〈痛みや呻きや嘆き〉を見るし、タイトル通り、暗くて暗くて気がめいる。

それでも（だから？）この小説が歓迎されたのは、戦後への第一歩を踏み出すかすかな希望を感じさせたからだろう。ラストは画集を見た日の帰り道の記憶である。

〈彼は、右手に握りしめているブリューゲルの画集を、まるで哀れなしかし、いとおしいけだものを撫でるかのように、しばらく左手でなでさすっていた。そして、再び山道を向うへ、彼の下宿のある方へ、下って行った〉

「いとおしいけだもの」みたいな友を敬愛しながらも、思想的な高みへ上る友人らと逆に、俗世への道を下る深見。転向組のいいわけ臭くもあるけれども、彼はそこでようやく〈若者の心を取り返す〉のだ。多くの若い命が散った時代。野間宏、三一歳のデビュー作である。

戦後文学の出発を告げる、記念碑的作品。作中で描かれたブリューゲルの絵は一枚ではなく、『七つの大罪』連作中の『憤怒』ほか複数の絵のイメージを重ね合わせたものだそうだ。

●野間宏（のま・ひろし　一九一五～一九九一）主な作品は『崩解感覚』『真空地帯』『狭山裁判』など。学生時代の左翼運動や、従軍、収監を経て、戦後めざましい創作活動を展開。「第一次戦後派」の旗手となる。個人の内面と社会のメカニズムを同時にとらえる「全体小説」の試みは、大作『青年の環』に結実。社会的発言も積極的に行い、文学の国際交流にも尽力した。

●出典…講談社文芸文庫

Nは最後にまた妻の勤め先である女学校の焼跡を訪れた。

『夏の花』（一九四七年）原民喜

●原爆文学はここからはじまった

原爆文学と呼ばれる作品群の中でも、原民喜『夏の花』は特に有名な一編だ。というより被爆者自らが筆をとる原爆文学は、ここからはじまったというべきだろう。

舞台は広島。原爆投下二日前から小説ははじまる。〈私は街に出て花を買うと、妻の墓を訪れようと思った〉。可憐な夏の花。ここが表題の由来である。

そして八月六日の朝。「私」は〈前の晩二回も空襲警報が出、何事もなかったので、夜明前には服を全部脱いで、久し振りに寝巻に着替えて睡った。それで、起き出した時もパンツ一つであった〉。その姿で〈私は黙って便所へ這入った。／それから何秒後のことかはっきりしないが、突然、私の頭上に一撃が加えられ、眼の前に暗闇がすべり墜ちた〉。〈私は厠にいたため一命を拾った〉のである。〈ひどく面倒なことになったと思い腹立たしく思いながら、半壊した家で、裸の彼がまずやったのは、身につけるものを探すことだった。しかし、世界はすでに一変していた。火の中を逃げまどう人々。「助けてえ」という声。ルポルタージュにも似た、淡々とした筆致。これといった説明もなく、さまざまなエピソードの断片が積み重ねられる。ラストも唐突。Nという人物の話である。

Nは汽車の中で被爆した。広島に戻り、妻が勤めている女学校に行った。焼け跡には生徒や校長のものらしき白骨があった。自宅にも妻の姿はなかった。道々の遺体もすべて調べた。妻はいなかった。〈そうして、三日三晩、死体と火傷患者をうんざりするほど見てすごした挙句、Nは最後にまた妻の勤め先である女学校の焼跡を訪れた〉。

ここでプツリと小説は終わる。最後のエピソードは語り手が妻の墓参りに行く最初の部分に呼応していよう。国語教科書の「戦争教材」としても有名だが、作品全体にただようのは、むしろ一種のユーモアである。彼はパンツ一枚で、しかも便所で被爆したのだ。広島や長崎の惨状が広く知らされたのはずっと後の話。泣きもわめきもしない分、大切な人の不在が逆に際だつ。

原爆投下前の『壊滅の序曲』、投下後の『廃墟から』とあわせた三部作の一部。『廃墟から』の末尾は〈広島では誰かが絶えず、今でも人を捜し出そうとしているのでした〉。

●原民喜（はら・たみき　一九〇五〜一九五一）主な作品は『鎮魂歌』『心願の国』など。幼児期の精神的なショックで内向的な性格に育つ。学生時代には左翼運動に加わるも断念、三〇歳頃より散文詩的な短編を盛んに発表。一九四四年の妻の死、翌年の被爆体験を踏まえ、生き残った者としての証言を抑制された筆致でつづった。朝鮮戦争勃発の翌年、鉄道自殺。

●出典…集英社文庫

いつもの女子選手がいなくて、男の頭が水面に一つ出ている。

『プールサイド小景』（一九五四年）庄野潤三

小市民的な光景の裏にあるものは？

庄野潤三の短編はどれもオシャレで、短編映画かショートコントのようである。

芥川賞受賞作『プールサイド小景』の書き出しは〈プールでは、気合のかかった最後のダッシュが行われていた〉。プールで練習する溌剌とした女子選手たちの姿は、向こうを通る電車の中からも見える。少し離れた場所にひとりの男性がいる。OBでコーチと顔見知りの青木氏である。青木氏は二人の息子とプールに来ている。犬を連れた夫人が現れ、一家はそろって帰る。コーチは考える。〈あれが本当に生活だな。生活らしい生活だな〉。

いかにも中産階級の家族らしい微笑ましい光景。テキストはしかし、いきなり〈だが、そうではない〉と続くのだ。〈この夫婦には、別のものが待っている。それは、子供も、近所の人たち誰もが知らないものなのだ〉。ええーっ、なになに？

外からは見えない一家の秘密。青木氏は一週間前、会社を辞めさせられていた。使い込みが原因だった。結婚一五年。妻は考える。〈女がいる。夫が大金を使い込んだのは、女のためだったのだ〉。「何か話をして」とうながされ、青木氏はようやく口を開くが……。

以前と同じように、朝、家を出る夫を見送った後、妻の脳裏には不吉なイメージがよぎる。〈夫は帰って来るだろうか〉。失業者でもいい。帰ってさえくれば。

ラストは再びプールである。その日、女子選手たちの練習は早く終わっており、コーチがひとり、プールの底に沈んだごみを足の指で拾い上げていた。〈やがて、プールの向う側の線路に、電車が現われる。勤めの帰りの乗客たちの眼には、ひっそりしたプールが映る。いつもの女子選手がいなくて、男の頭が水面に一つ出ている〉

電車の窓からはこの不思議な光景がどう見えただろう。妻は夫の日常を知らず、夫は妻の不安を知らない。高度成長期に突入する寸前の、サラリーマンの不条理劇。〈男の頭が水面に一つ〉という図柄はシュールだが、このコーチにも、隠された秘密があるかもしれないのだ。

ホテルや学校などのプールが日本で整備されるのは一九六〇年代以降である。五〇年代には市民に開放されたプールは珍しかったはず。プール自体が「小市民的な大道具」なのだ。

●庄野潤三（しょうの・じゅんぞう　一九二一〜二〇〇九）主な作品は『静物』『夕べの雲』『絵合せ』など。大学時代は島尾敏雄らと交流し、同人誌で文学活動を開始。戦後、教職や放送局勤務を経て作家専業となる。家庭の日常に取材した作品を多く執筆し、安岡章太郎、吉行淳之介、小島信夫らとともに「第三の新人」と呼ばれた。
●出典…新潮文庫

「やっぱり人間の群れにもどるよりしかたないじゃないか」

『パニック』（一九五八年）開高健

大量発生したネズミとの戦い

晩年の釣り紀行『オーパ！』などで知られる開高健の作品は、かつて国語の定番教材であった。作者二六歳の文壇デビュー作『パニック』もそんな中のひとつ。

一二〇年ぶりに実をつけたササ原で、大量のネズミが発生した。このままでは山や畑が食い尽くされる！ 県庁の山林課に勤める主人公の俊介は、いち早く危機を察知して警告を発するが、誰にも相手にされず、ネズミ撲滅作戦の上申書は上司に握りつぶされてしまう。が、俊介の警告通り、ネズミは野山どころか町にもあふれだし……。

寓話風の物語なのに妙にリアルなのは、保身に汲々とし、対策は後手後手に回り、失敗の責任は人に押しつける役人たちの姿が、いまとおんなじ！ だからだろうか。当の俊介も熱血行政マンではなく、周囲との駆け引きを冷静に計算するリアリストだ。

さて、人々を恐怖のどん底におとしいれたネズミ騒動は、唐突に終わりを告げる。事態の収拾に窮した局長が形ばかりの終結宣言を出そうとした矢先、ネズミが大移動をはじめたという情報が入る。そして俊介は、明け方の湖で〈無数のネズミが先を争って水にとびこんでい〉く姿を目にするのだ。皮肉な結末に、彼は〈新鮮な経験、新鮮なエネルギーが体を通過したあとできまって味わう虚脱感をおぼえた〉。やせて、よごれた野良猫が歩いている。〈あるわびしさのまじった満足感のなかで彼は猫にむかってつぶやいた。／「やっぱり人間の群れにもどるよりしかたないじゃないか」〉

それをいっちゃあおしめえよ、なつぶやき。開高健の特に初期の短編はいつも一言多いのだ。とはいえ最後の一言は、駆除の対象だった憎っくきネズミの群れに彼が内心シンパシーを感じていた証拠であり、一種のどんでん返しともいえる。

ネズミの群れ（大衆の暴動を連想させる）にも、野良猫（組織に属さぬアウトロー）にもなれない彼は「人間の群れにもどるよりしかたない」。若き公務員が感じる脱力感。あきらめるなよ、元気出せよと肩を叩きたくなる。

ある種の動物は、個体数が増えすぎると「密度効果」が働いて自ら個体数を調整するといわれる。『パニック』は「レミングの集団自殺」を連想させるが、レミングの逸話の真偽は疑わしい。

●開高健（かいこう・たけし　一九三〇〜一九八九）主な作品は『裸の王様』『玉、砕ける』など。広告業界で活躍した後、小説家に転じる。敗戦直後の都市スラムを描いた『日本三文オペラ』や、ベトナム戦争の取材記、旅行記、エッセイなど、幅広い分野で行動派の作家として健筆をふるった。
●出典…新潮文庫

墓標のような、杙《くい》の列をながめながら彼は、たしかに一つの〝死〟が自分の手の中に捉えられたのをみた。

『海辺の光景』（一九五九年）安岡章太郎

認知症の母を病院で看取るまで

海辺と書いて「かいへん」と読ませる。安岡章太郎『海辺の光景』は、海辺の病院で、家を離れた息子が、父とともに母を看取るまでの物語である。といえば前はすんだのだけれども、現代の読者には別の紹介の仕方をしたい。『海辺の光景』は有吉佐和子『恍惚の人』（一九七二年）に先行する、認知症文学の先駆的な作品だ、と。

母の危篤の知らせを受け、東京から高知の病院に駆けつけた浜口信太郎。そこは、一年前、父と息子が母をだまして、むりやり入れた精神病棟だった。

眠り続ける母は視力も失っており、重症病棟の鉄の扉のむこうに寝かされていた。褥瘡《じょくそう》の手当てと称して、床の上にほとんど裸で放り出され、痛い痛いと叫ぶ母。「老耄性痴呆症」とはどんな病気かと尋ねる信太郎に医師は答える。「さア、われわれにも良くは、わからんですな」「とにかく戦後、増えましたな、こういう病人が……」。

医療や介護の体制が未整備だった一九五〇年代とはいえ、認知症者の扱いに絶句する。息子のショックはしかも、それにとどまらない。看護人が「息子さんぞね」と呼びかけ、信太郎が母の手を握ると、母は「おとうさん……」といったのだ。母は父を嫌っていたはずなのに。二人だけの介護の日々が、夫婦を近づけ、息子を遠い存在にしたのか。

　母が息をひきとった後、すべては終わったのだという解放感とともに病院の外に出た信太郎は目の前に広がる光景に衝撃を受ける。それはいつも窓から見ていた美しい海ではなく干潮時の〈海底から浮び上った異様な光景〉だった。〈歯を立てた櫛のような、墓標のような、杙の列をながめながら彼は、たしかに一つの〝死〟が自分の手の中に捉えられたのをみた〉。

　この杙は真珠の養殖用と説明されているけれど、正体は不明である。いずれにしても海面下に隠れていた「墓標のような杙」で彼は母の死を実感するのである。老人介護の環境が大きく変わった現在でも、彼が感じる後ろめたさは不変かも。


耕治人『天井から降る哀しい音』（一九八六年）や佐江衆一『黄落』（一九九五年）など先駆的な認知症文学はほかにもあるが、老人介護への社会的認識が薄かった時代の作品である点が注目される。

●安岡章太郎（やすおか・しょうたろう　一九二〇～二〇一三）主な作品は『幕が下りてから』『流離譚』『果てもない道中記』など。出征中に結核を患い、戦後、病苦の中で創作を開始。『ガラスの靴』などで「第三の新人」のひとりとして認められ、健康回復後は旺盛な執筆活動を展開。弱者の視点から日常を認めつつ、後年はさらに作品の幅を広げた。
●出典…新潮文庫

さようなら、優しき生者たちよ。私はしょせん、あなたがたとは無縁な存在であった。

『悲の器』（一九六二年）高橋和巳

権力と女性スキャンダルの間で

正木《まさき》典膳《てんぜん》は五五歳。国立大の法学部長職にある刑法学の権威である。米山みきは四五歳。病床にあった正木の妻の世話などもし、妻の死後は正木の面倒を（床の中まで！）みてきた内縁関係に近い家政婦だ。が、正木は親子ほども年の離れた女性と婚約した。栗谷《くりや》清子二七歳。某大名誉教授の令嬢である。米山みきは正木を婚約不履行で訴え、ことはスキャンダルに発展。とき同じくして、学内のゴタゴタから正木は辞職に追いこまれる。

高橋和巳『悲の器』は、以上のような醜聞からはじまる小説である。

時代設定は一九五八年。政界では「逆コース」と呼ばれる反民主主義的な動きが進行しており、女性スキャンダルの渦中にある正木は、同時に大学人として、国家権力の側につくか否かの岐路に立たされているのだ。さらに、正木には戦前の言論弾圧の下、同じ教授の門下で学びながらドロップアウトしていった友人がいた。アナーキズムに傾倒して失踪した富田と、獄中で転向し、後に自殺した萩野である。戦時中は検事に転じた正木は保身に長けた人物だが、彼らへのわだかまりは消えない。

それやこれやで、最後、正木はブチ切れる。〈私は慈愛よりも酷烈を、奴隷の同情よりも猛獣の孤独を欲する。私は権力である。私は権力でありたい〉。〈汝ら、法則に従い法則に死ぬものたちよ〉と彼は咆哮する。富田よ、荻野よ、君たちは自由を、庶民を、大衆を信じるのか。自分は自由を信じない。〈さようなら、米山みきよ、栗谷清子よ。さようなら、優しき生者たちよ。私はしょせん、あなたがたとは無縁な存在であった〉。

もしかして、これは遺書？　〈一片の新聞記事から、私の動揺がはじまったことは残念ながら事実である〉というのが書き出し。正木自身が語り手をつとめるこの小説は、全体が遺書かもしれないのだ。善良な市民社会への、法曹界への、女たちへの呪詛。正常なのか錯乱したのか。権力の座から転がり落ちた者の、悲鳴のような開き直りがすごすぎる。

憲法改正、破防法、警察予備隊など、数々の法律論議を織り込みながら進行する小説。いま読むと、同じような憲法論議がくり返されてきた結果、今日があることにあらためて気づかされる。

●高橋和巳（たかはし・かずみ　一九三一〜一九七一）主な作品は『散華』『邪宗門』『わが解体』など。気鋭の評論家・中国文学者として出発し、実質的な小説デビューの本作で脚光を浴びる。戦争・宗教・政治との関連で知識人のあり方を鋭く追及し、全共闘運動に際しては学生側を支持して京大助教授の職を辞任。戦後文学の後継者として一時代を画した。
●出典…河出文庫

明日の朝は六時におきなきゃいけないいんだし、睡眠薬を飲んだほうが得だ。

『自動巻時計の一日』（一九七一年）田中小実昌

おれは夜中にトイレに行けない男

朝起きて歯を磨いて会社に行って帰ってきて夕飯を食べて寝ました。——まるで小学生の作文だけど、田中小実昌『自動巻時計の一日』はほぼそんな小説と思ってよろしい。〈ともかく、朝おきたときからのことを、バカみたいに、ならべていってみよう〉と宣言する語り手の「おれ」。で、実際、小説は〈となりの部屋に寝てるカカアの枕もとに時計がおいてあり、六時に目覚がなる〉ところから、「おれ」の一日をたどっていく。

「おれ」は三六歳。彼が「カカア」と呼ぶ妻と娘二人との四人暮らしだ。朝の日課は井戸で溲瓶《しびん》を洗うこと。朝食はうどん。六時三七、八分に自転車で駅まで行き、私鉄と国鉄を乗りついで職場に向かう。職場は軍基地の中にある研究所で、彼がやっているのは試薬の入った検体を遠心分離機にかけて定量分析をする仕事である。本業のほかに小説を翻訳するバイトもやっている彼は、朝の電車の中で字引を引く。彼が翻訳中の小説の中では、若き日のアメリカ人の主人公が陸軍の新兵として南太平洋の島に上陸しようとしていた……と、こんな調子の一日。

朝からはじまった小説だから、ラストは当然夜である。

夜中に便所に行くのは損なので、ふとんの横に溲瓶を置く。魔法瓶の湯と湯飲み茶碗は用意したが、睡眠薬を忘れたことを思い出してとりにいく。夕刊を読んでスタンドを消す。〈睡眠薬なしに眠れるといいが、二時間も三時間も目がさめてるようだったら、明日の朝は六時におきなきゃいけないんだし、睡眠薬を飲んだほうが得だ〉。

何の変哲もない一日だ。大の男が、夜中に便所に行けないのだ。彼が訳している小説の中で、しに眠れないのである。しかし、はたして、ほんとに何の変哲もないのか。彼は睡眠薬な上陸を控えた主人公のダンがこわくて眠れないように。

戦争の記憶をみんながまだ引きずっていた一九六〇年頃の話。すっとぼけた調子で自らの一日を語る「おれ」は、復員者である作者とも重なる。私小説を異化する天才の芸である。

ポストモダン文学の先取りといってもいい異色の名編。五〇年代後半の作者は、実際にも米軍横田基地の医学研究所で化学実験を手伝う仕事をしながら、推理小説の翻訳などをしていた。

●田中小実昌（たなか・こみまさ　一九二五～二〇〇〇）主な作品は『幻の女』『ポロポロ』『アメン父』など。牧師の父を持つ。戦後、大学を中退し、将校クラブのバーテン、コメディアン、香具師などを経て、チャンドラーなどの推理小説の翻訳をはじめる。六〇年代後半からは創作に転じ、猥雑な職業を生きる人々の哀歓をユーモアのある筆致で描いた。
●出典…河出文庫

まだ遠かったが、雷は確実に近づいてきた。

『遠雷』（一九八〇年）立松和平

都市化の波に洗われる農村で

〈汗ばんだビニールが眩しかった。よく見れば微小な水滴一粒一粒が虹を含んでいた〉という書き出しにも農への誇りがあふれる。舞台は宇都宮らしき町の郊外。主人公の和田満夫はビニールハウスのトマト栽培に精を出す若者。――インテリ層やホワイトカラーが幅をきかせる文学界で、立松和平『遠雷』の出現はちょっと衝撃的だった。

村には、都市化の波がおしよせている。兄は東京で銀行員になった。父は家を出てスナックの女と同棲し、母は若い男たちにまじって肉体労働のバイトをしている。住宅団地や工業団地に田畑を売った大金が入り、農家の大半は土から離れはじめている。そんな中、二三歳の満夫と同い年の広次だけが農業に夢を託している。ブルドーザーが入り、すっかり変容した風景のなかでトマトが赤い電球のように実る。

もっとも満夫も、勤勉なだけの青年ではない。クルマは乗り回すし、外でも遊ぶし、見合いで会ったばかりの相手には当然のように「モーテルいくべ」。物語はこうして知り合った満夫と婚約者のあや子が結婚するまでの数か月を描く。

ラストは満夫とあや子の真夏の婚礼だ。村人たちが集まったにぎやかな宴席。一見ハッピーエンドだが、小説は最後に空の異変を置くのである。

〈空に大河があるように大地の彼方に急速に流されていく雲が瞬間仄明るくなり、間をおいて雷鳴が聞こえた。まだ遠かったが、雷は確実に近づいてきた〉

不穏な末尾だ。波瀾にみちた物語を美しい自然描写で終わらせるのはよくある手だが、ここでは逆。思えば、物語の終盤は不穏な事件続きだった。父の失踪。女を殺して自首した広次。トマトも今年は虫と病気にやられ、大量に焼却せざるをえなくなった。しかも雷鳴を聞く直前、満夫は応接間で祖母がひっそり死んでいるのを発見するのだ。祝宴にわく家は、まもなく暗転するだろう。場面が転換する寸前の、まさに一瞬をとらえたエンディング。

映画（一九八一年）で主役を演じたのは永島敏行と石田えり。お笑いコンビ「U字工事」でおなじみになった栃木弁の会話も印象的。ちなみに栃木は日本でも有数の雷が多い県として知られる。

●立松和平（たてまつ・わへい　一九四七～二〇一〇）主な作品は『卵洗い』『毒』『道元禅師』など。学生時代から東南アジアなどを放浪する一方、小説を執筆し、全共闘運動を描いた『今も時だ』で注目される。その後、肉体労働や宇都宮市役所勤務を経て、一九七〇年代後半から本格的な創作活動を開始。テレビ報道番組のレポーターとしても親しまれた。

●出典：河出文庫

今日もどこかで血が流れている。あるいは死んでいる。

『時に佇つ』（一九七六年）佐多稲子

戦争に協力した「私」へのこだわり

佐多稲子という名を聞いても、「あのプロレタリア文学の?」くらいのイメージかもしれない。けれど激動の大正昭和、彼女ほど波瀾万丈な人生を送った人もいない。

長崎に生まれるも、母を早く亡くして一家で上京。一一歳で工場に働きに出て（このときの経験を描いたのが二三歳のデビュー作『キャラメル工場から』）、職を転々。最初の結婚に破れた後、上野の料亭や本郷のカフェで働いていた時代に多くの文学者と出会った。それを機に、中野重治のすすめで小説を書きはじめ、窪川鶴次郎と結婚し、プロレタリア文学運動に加わって……。

そんな彼女の人生を、一二の連作短編に託したのが『時に佇《た》つ』だ。

ときに作者は七一歳。老年に達して思い出す人々との出会いや別れを中心にした各編が「珠玉の短編」だけれども、出生の秘密、カフェ時代、非合法の政治活動、戦地への慰問、さりげなく語られたエピソードはどれも濃密で、目が離せない。

川端康成文学賞を受賞した「その十一」は、元夫・柿村（窪川）の死を描いている。結婚生活二〇年、離婚して三〇年。もはや遠い人となった柿村は認知症をわずらっていた。

続く最後の「その十二」で、作家は「血」について書く。敗戦から二年目、弟への輸血をした「私」は〈弟に分けた自分の血の質に、いささかも疑いを持たなかった〉。しかし、それから一七年。「私」は心臓の手術をひかえた六歳の孫への輸血を拒むのである。六〇歳という年齢のせいではなかった。「私の血なんか、協太にやっては、協太に申し訳ないのよ」。

戦争中、戦地慰問に赴いた稲子は、何十年も「戦争に協力した」という負い目の中で生きてきたのだ。そんな負い目も、七〇歳を超えたいまは消え、孫は元気な高校生に成長した。

〈今日もどこかで血が流れている。あるいは死んでいる〉

ここでテキストは終わる。七〇年分の人生を濃縮したコンクジュースみたいな末尾。前後の脈絡を外しても、この文章だけで屹立しているのが、見事でもあり、怖くもあり。


料亭の女中時代には芥川龍之介、菊池寛、久米正雄、カフェ時代には堀辰雄、中野重治、窪川鶴次郎らの知遇を得た稲子。娘時代は若い文学者たちのアイドル的存在だったのだろうね。

●佐多稲子（さた・いねこ　一九〇四～一九九八）主な作品は『女の宿』『樹影』『月の宴』など。最初の結婚・離婚後、文芸評論家の窪川鶴次郎と再婚し、創作活動を開始する。プロレタリア作家として活躍するも後に運動から離れ、夫とも離別。戦後はそれらの体験を文学作品として掘り下げるとともに、女性運動の一翼も担った。
●出典：講談社文芸文庫

いま太陽の光りは濁っている。

『女工哀史』（一九二五年）細井和喜蔵

●大正期の元祖「ブラック企業」告発本

言葉はみんな知っていても、本は未読の人が多いかもしれない。『女工哀史』は元祖「ブラック企業」の告発本ともいうべき、大正末期のノンフィクションだ。著者の細井和喜蔵はジャーナリストでも研究者でもなく、自身も正真正銘の繊維労働者だった人。紡績女工の過酷な現実をレポートしたこの本は、出版と同時にベストセラーになった。

紡績工場（綿花を紡いで糸にする紡績部と、糸を織って布にする織布部）の労働現場の実態を、著者は克明に描きだす。〈従業社員ならびに職工の階級が実に甚だしく、あたかも軍隊のようだ〉と記される組織の形態、巧妙をきわめる募集要項と雇用契約制度、深夜業を含めて一二時間を超える長時間労働、出来高制の賃金体系、不合格品を出した女工に科せられる罰金制度、平均温度四〇度超の「焦熱地獄」に加え機械の騒音と塵埃に悩まされる工場環境、賄《まかない》で出される食事、女工の心理や生理……。詳細なレポートに加えて資料や数字がふんだんに織りこまれているあたりは研究書のようだ。

ただし、著者の怒りはときに爆発する。〈諸君は昔ならいざ知らず、今時そんな婦女子に化粧や身つくろいを禁止するような野蛮な人間が都会の工場にいるだろうかと疑を持つ人もあるだろう。しかし、実際においているのだからおっ魂気《たまげ》ざるを得ない〉とか。

巻末で和喜蔵は、万民に労働を課す「義務労働」を提唱するが、これは今日のワークシェアリングやワークライフバランスにも通じる思想だ。

〈万人倶に苦しみ、また万人倶に楽しむ。これぞ地上に築きあげし空想ならぬ天国であり、極楽浄土である。ああ！　その時の太陽はいかばかり輝かしい光を放ち、人生は楽しく、万物は麗わしくあることか？　いま太陽の光りは濁っている〉。

目の前の事象を記すだけでなく、ずっと先の社会まで見通していた和喜蔵が本書を書き上げたのは、じつに二八歳のときだった。若者らしい理想をうたいあげ、全身全霊を込めた一文で締める。不生出の社会派ライターは、名コピーライターでもあったのだ。

和喜蔵はこの本の出版わずか一か月後に病没した。困難をきわめた執筆の裏事情については、名実ともに著者を支えた妻・高井としをの自伝『わたしの「女工哀史」』（岩波文庫）に詳しい。

●細井和喜蔵（ほそい・わきぞう　一八九七〜一九二五）主な作品は『工場』『奴隷』など。婿養子の父が出生前に母と離縁し、幼くして母と祖母を失う。小学校を中退後、大阪や東京の紡績工場で働き、労働運動に参加するなかで同僚の堀としをと結婚。妻に生活を支えられながら『女工哀史』の執筆に取り組み、刊行の翌月死去。

●出典…岩波文庫

万国のプロレタリア団結せよ！

『共産党宣言』（一八四八年）マルクス＋エンゲルス

世界でもっともよく知られた末尾はこれだ

〈ヨーロッパに幽霊が出る――共産主義という幽霊である〉（前文）
〈今日までのあらゆる社会の歴史は、階級闘争の歴史である〉（第一章）

有名な、マルクス『共産主義者宣言』の書き出しである。結語も同様。〈万国のプロレタリア団結せよ！〉は、世界でもっともよく知られた末尾といえるだろう。
『宣言』は共産主義者同盟のマニフェストとして書かれた文書である。『共産党宣言』と訳されてはいるものの、旧ソ連や中国のような「共産党」という政党が出現するのはロシア革命以後の話で、マルクスの時代はゆるやかな同盟が存在するだけだった。

檄文《げきぶん》だから文章は戦闘的だが、中身の半分近くは歴史の話だ。自由民と奴隷、貴族と平民、領主と農奴、ギルドの親方と職人、あらゆる歴史は圧制者と被圧制者の対立の歴史だった。工業社会が生んだ資本家（ブルジョア）階級は封建領主を倒して革命的な役割を演じたが、階級的な対立は解消されなかった。ブルジョア階級の支配の下では、富は私人に蓄積されて資本となり、自らの身を切り売りする労働者は奴隷化し、ときに暴徒化する。支配階級を倒す機は熟しつつあるが、そのためにはまず労働者が「革命的プロレタリア」にならなくちゃ。

共産主義といえば「私有財産の廃止」で、これがマルクス主義が嫌悪され、弾圧される最大の原因だったりもするのだが、貧しい労働者に財産なんかもともとないじゃんか、というのがマルクスらの主張である。かくて『宣言』はラストで高らかに呼びかける。〈プロレタリアは、革命においてくさりのほか失うべきものをもたない。かれらが獲得するものは世界である。／万国のプロレタリア団結せよ！〉

この言葉を胸に武器を持って立ち上がった人、危険思想とみなし国家をあげて叩きつぶしにかかった人。世界を変えたという意味では、いずれにしても最強のキャッチコピーだったことはまちがいない。人を動かすのは、やはり言葉の力なのである。

日本語にはじめて訳したのは堺利彦と幸徳秋水だが（一九〇四年）、戦前の日本では発禁だった。岩波文庫版は一九五一年刊。他にも多くの日本語訳が存在する、歴史的名著である。

●カール・マルクス（一八一八〜一八八三）主な作品は『資本論』など。ドイツの経済学者・哲学者・革命家。ドイツ観念論を唯物論的に転倒した「弁証法的唯物論」の立場から、イギリス古典派経済学を批判的に摂取。歴史発展の道筋を描き、マルクス主義の祖となった。

●フリードリヒ・エンゲルス（一八二〇〜一八九五）主な作品は『反デューリング論』など。ドイツの思想家・革命家。本書および『ドイツ・イデオロギー』をマルクスと共同執筆。マルクスの死後は『資本論』遺稿の整理・刊行にあたり、マルクス主義の形成に寄与した。

●出典…岩波文庫（大内兵衛＋向坂逸郎訳）

エンディングの「型」について

●ハッピーエンドとアンハッピーエンド●

物語のエンディングには幸福な結末（ハッピーエンド）と不幸な結末（アンハッピーエンド）とがある。事件がすべて解決し、主人公らが幸福を得て「めでたしめでたし」で終わるのがハッピーエンド。主人公が非業の死をとげたり大切な人を失ったりし、大きな喪失感の中で幕が閉じられるのがアンハッピーエンド（バッドエンド）。

おそらく、そう思っている人が多いだろう。

しかしながら、単純な喜劇や悲劇が存在しないように、物語の末尾もそう単純に「幸福な結末」と「不幸な結末」には二分できない。

第一に、誰の立場に立つかで、幸福か不幸かは大きく異なる。グリム童話の『白雪姫』や『灰かぶり（シンデレラ）』のようなおとぎ話の結末はだいたいハッピーエンドだけれども、最後にひどい目にあわされる悪役（継母や姉）の側からいえば、この結末はバッドエンド以外の何ものでもない。勧善懲悪劇とはすなわち、片方の側に幸福を、もう片方の側には不幸をもたらす「二重の結末」を持った物語ともいえるのだ。

第二に、幸福なのか不幸なのか、一概には判断できない結末が少なくないことである。アンデルセン『マッチ売りの少女』や『人魚姫』はヒロインの死をもって終わる点では悲劇だが、最後に「救い」が与えられる点ではハッピーエンドといえなくもない。逆に、ラストで王子と結ばれた白雪姫やシンデレラが、この先、幸福になれる保証はない（なにしろ相手は容姿だけで結婚相手を選ぶような男なのだ。ペロー『眠りの森の美女』のグロテスクな後日談は、そのへんを意外と突いているようにも思われる）。

近代小説ともなれば、喜劇と悲劇、幸福と不幸の境界はもっと曖昧だ。人生だって同じでしょ。ハッピーとアンハッピーは常に紙一重なのだ。

●褒賞的な結末と懲罰的な結末●

勧善懲悪劇は古い物語の形式で、近代小説には本当はなじまない。

とはいえ読者は意外に保守的で、努力した人は報われる、道をふみはずした人は罰せられる、という結末にホッと安堵する傾向を持っているのは否めない。

西洋の文学の末尾において、ここで「いい仕事」をするのが「神」である。聖書の一節が引用されたり、神への讃美の言葉が登場したり、不幸な主人公を天国に導き入れたり、神は大活躍である。キリスト教的な精神は、日本の読者が想像する以上に日常生活に定着し、市井の人々の精神に深く根をおろしているのである。と同時に、作劇上の事情からいうと、神の力さえ借りれば、悲惨な結末は救済に転じ、物語全体に教訓的な意味が与えられる。まことに便利な、いやありがたい存在といえるだろう。

その半面、神はイケズで、キリスト教的精神に反する登場人物は、ときに容赦なく罰せられる。既婚の婦人が独身の男性と恋に落ちる「姦通小説」はその典型で、ラファイエット夫人『クレーヴの奥方』も、トルストイ『アンナ・カレーニナ』も、フローベール『ボヴァリー夫人』も、なんだか知らぬがヒロインは死に急ぐ。有島武郎『或る女』やテネシー・ウィリアムズ『欲望という名の電車』は奔放な女性の人生を描いた作品だが、ここでもヒロインは、身体を病む、精神を病むという「懲罰」に近い結末を与えられるのだ。

物語の「型」といってしまえばそれまでだが、「汝、姦淫するなかれ」の掟にしたがって「むりやり殺された」ようにも見える。背後にあるのは神の采配なのか、市民社会の要請なのか、作者の道徳心なのか。ロレンス『チャタレイ夫人の恋人』やホーソーン『緋文字』は、この定石に反しているだけでも、新しかったのかもしれない。

●意外な結末と寸止めの結末●

物語のさまざまな終わり方の中でも、もっともドラマチックなのは、思いがけない結末を迎える「どんでん返し」の逆転劇だろう。味方と思っていた人物がじつは敵だった、というようなどんでん返しは、時代小説やミステリーではよくある趣向だ。

そこまであからさまな逆転劇ではなくとも、「意外な結末」「予想に反した結末」は、ときに読者を驚かせ、ときに物語全体の色彩を変える。

目の前の順風満帆な未来を捨てて困難な道を選んだヒロインが最終的には幸せな暮らしを手に入れる、二重の逆転劇を含んだシャーロット・ブロンテ『ジェイン・エア』。自由奔放な友人に対する違和感が香水の匂いで友情に反転する吉屋信子『わすれなぐさ』。江戸後期の石工の棟梁の苦悩がラストで「栄光」に転じる今西祐行『肥後の石工』も、業務に忠実に見えた公務員がじつは別の思いを抱いていたと最後で判明する開高健『パニック』も、楽しい旅の記録が同行者の死を伝える「あとがき」で違った風景に転じる武田百合子『犬が星見た』も、読者の気分が変わるという点では一種の逆転劇といえるかもしれない。

もうひとつ、場合によっては逆転劇以上にドラマチックなのが、新たなトラブルが起こる直前で時間を止める「寸止めの結末」である。

O・ヘンリー『最後のひと葉』は病床の女性が「ひと葉の秘密」を知った瞬間で、ダシール・ハメット『マルタの鷹』は面倒な女性が訪ねてきたところで、三島由紀夫『金閣寺』は死を念じていた語り手が「生きよう」と思った瞬間で、立松和平『遠雷』はにぎやかな宴席の裏で主人公が祖母の死を知ったところで幕を閉じる。「もうひと波瀾」が予想される結末だが、そこはあえて書き進めず、読者の想像力にゆだねる高等テクだ。

また、夏目漱石『吾輩は猫である』の結末は猫の死だと思われがちだが、よく読めば猫が死を意識しただけで、どこにも死んだとは書かれていない。逆に野上弥生子『迷路』で、空襲の中、老人が内縁の妻に「寝よう」と呼びかける末尾は、明示されてはいないが死を予感させる。これも一種の「寸止めの結末」。小説は時間を自由に操作できる芸術なのだ。

●エンディングを読む効用●

というように、ラストの一行のみならず、結末に近い部分の物語を注意して読むと、いままで読み過ごしていた物語の、もうひとつの面が見えてくる場合が少なくない。

どこまでも大仰に「ここが全巻の終わりですよ〜」と鐘を打ち鳴らすような末尾あり。「ここで終わっていいんですか？」と読者が心配になるような唐突な結末あり。何がなんでも大団円に持ち込むのだ、といわんばかりの不自然な結末あり。ぼんやり読んでいると見過ごしそうな、一瞬の時間を切り取る才気走った結末あり。

納得できる結末も、腑に落ちない結末も含め、ラストに注意を向けることは、表現の細部に目を凝らし、物語全体を吟味し直すことに通じる。それは作品の新たな側面や、いままでと異なる解釈の発見につながるのだ、といっておこう。

本書は読売新聞夕刊の連載コラム「名作うしろ読み」（二〇一二年一月〜二〇一五年三月）を大幅に改稿、編集し直したものである。「はじめに」で述べた通り、連載の前半は姉妹編『名作うしろ読み』（連載期間は二〇〇九年四月〜二〇一一年一二月）に収録されている。

二〇〇九年四月からスタートした連載は、丸六年続き、二〇一五年三月で終了した。この結末は唐突にやってきた。根拠もなくずっと続く（わけはないのだが）ような気でいた連載に「打ち切り」の通達があったのは、連載終了のほぼ一ヵ月前だった。

そうなの？　だったら、あの作品もこの作品も取り上げたかったのに！　という無念の気持ちがなかったわけではないけれど、連載の終わりなんて、まあ、そんなもの。一年の予定ではじまった連載が六年続いただけでも「予想外の結末」というべきだろう。

新聞という媒体の性質上、書籍の選定には、①文庫や新書ないしはそれに類する本で読めること（電子書籍だけのテキストは除く）、②品切れ絶版になっていないこと、の二点の制約があった。さらにつけ加えると、③物故作家の作品に限ること、という条件を設けた。現役作家の場合、今後末尾に手が入る可能性がないとはいえないし、書名だけは知られていても、実際にはあまり読まれなくなった古めの名作を取り上げることに意義があると思ったからだ。同時代の作品が少ないじゃないか、という印象は以上のような理由による。

新聞連載中は、読売新聞文化部の山内則史さん、森田睦さん、山田恵美さんのお世話になった。単行本の編集に尽力してくださったのは中央公論新社の石川由美子さんである。記してお礼を申し上げたい。——と謝辞を述べた後、何か気の利いた一文を加えたいところだけれど、べつにむりやり不自然な大団円に持ち込むこともないか、と思い直した。フィニッシュをピタッと決めるだけが「いい終わり方」とは限らないのだ。

二〇一六年一月

斎藤美奈子

解説　扉は開かれている

中江　有里

わたしが本を選ぶ際、参考にしていることがいくつかある。好きな作家、気になる題材、装幀、タイトル、あるいは信頼する書評家、文芸評論家の推薦も大事な指針。中でも斎藤美奈子さんの言葉はいつも傾聴する。

斎藤さんは世の中で評価の定まった名人の名作と呼ばれる類が対象でも、または新人の作品でも同じように評し、名作が書かれた時代と現代の価値観や文化の差を踏まえながら、今の読み手にわかるように平易な言葉で記し、矛盾やぼやかした部分を容赦なく鋭く突っ込む。文学的知識はもちろん、文芸への愛を文章のそこここに感じる。だからわたしは斎藤さんの評論を信頼している。既刊本はすべて持っているし、新刊が出れば必ずチェックしている（短く言うとファンの一人です）。

本書はシリーズ第一弾となる『名作うしろ読み』の続編に当たるが、前作が出た時は「なるほど、この手があったか」と唸った。古今東西の名作の最初の一文は知っていても、うしろは意外と覚えていない。

わたし自身書き手として、冒頭一文には自然と力が入ってしまう。書くことは深い森の中へ一人で入っていくのに似て、始めの一文とは森へ進む第一歩のようなもの。書き始めた作家は書き終わるまで森を出られない。ぐるぐると巡って迷って、やっと出口らしき個所を見つける。ここでラスト一文を書いて森から解放される。ほっとするのと同時に、一抹の寂しさを覚える瞬間だ。

もちろん作家が皆同じように書いているわけではないが、冒頭と同じくらいラスト一文は重要なはず。それなのにさほど注目されていなかった。

本書は「うしろ読み」という新たな読書法の提示だ。うしろ読みによって既読本でも新たなる発見があり、未読本ならすぐ手に取りたくなってしまう。

たとえばバーネットの『小公女』。裕福な主人公セーラが没落し、周囲から冷たい仕打ちを受けながらも心の中では公女としてのプライドを持ち続ける。苦労を重ねたセーラがやがて元の暮らしを取り戻し、周囲と形勢逆転する展開に勧善懲悪的な爽快感を覚えるが、『小公女』のラスト一文は主人公セーラではなく、彼女がパンを恵んだアンの視点から描かれる。セーラは救われたが、アンの人生は貧しいままだという現実……小学生の頃に読んだが、セーラが小公女に戻ってよかった、という記憶しかない。こんなシビアな小説だと知り、今更ながら衝撃を受けた。

こんな風にラスト一文で、それまでの物語ががらりと違う風合いになる。破壊力満点のラスト一文の威力を知り尽くした作家が、この力を使わないわけがないだろう。

サリンジャー『ライ麦畑でつかまえて』はサリンジャーの戦争体験の影響が濃い、と言われている作品だが、なんだかよくわからないラスト一文を斎藤さんは主人公のホールデンの妄想と捉える。アンデルセンの『マッチ売りの少女』のラストは報われなかった少女が見た幸福の幻想……妄想も幻想も見た本人にしかわからない。ある意味とても便利なラストだ。極端に言えばどんな奇想天外な物語でも「全部夢でした」という夢落ちにすれば、物語を終わらせることができる。

しかしそう単純でないのが、名作と呼ばれる所以だろう。夢は目が覚めれば終わるが『ライ麦畑でつかまえて』『マッチ売りの少女』は終わりを迎えても主人公たちの思いが霧のごとく広がり、目には見えない湿気が心身にまとわりつくようだ。この妄想、幻想的なラストは読む者によって微妙に解釈を変え、さらに読み継がれることで、また新たな解釈が加わっていく。名作は時を経てなお人々が語らずにはいられないのだ。

水上勉『飢餓海峡』、トルーマン・カポーティ『冷血』などは、冒頭と対応するラスト一文を置いている。読み終えてから冒頭部分を確かめて、初めて作者のたくらみを知る。読み手は「してやられた」と作家の思うつぼにはまった爽快な敗北感に浸るのだ。

しかし「うしろ読み」はただ作家に驚かされたり、ただ「してやられる」だけの読み方ではない。自分の頭で考える読書の推奨だ。

そもそも本の読み方は読み手の自由なのに、なぜだか作家の思いを過度に尊重しがちだ。大きな文学賞を受賞したり、高評価を受けてきた作品にはツッコミを入れ難い。

そんな姿勢に警鐘を鳴らすのがこの「うしろ読み」だとわたしは思う。人間に例えるなら、冒頭一文は顔、ラスト一文は去り行く背中。顔から背中を想像することはあっても、その逆はあまりないだろう。つまり背中から見ることで、読み手は想像力が試される。

本書に収められた数々の名作のこれまでの評価はさておき、斎藤さんの「うしろ読み」は気付かせてくれる。

「読書はこんなに楽しいのに、どうして名作に対しては急に凝り固まってしまうのか……」

偉い人を前にすると緊張してちゃんと目を見られないのに、背中からだとしっかりと細部まで観察できる、そんな感じかもしれない。

むろん本は冒頭から読むものだが、本書は「うしろ読み」という達人ならではのやり方で名作本の魅力を伝えるもの。華麗な職人技は見ているだけで心躍る。

もう一つ、わたしが「うしろ読み」で気付いたのは、物語の扉は冒頭だけにあるわけじゃないということ。

物語のうしろにも扉はある。通常、ラスト一文で物語の扉は閉じられるが、ここで紹介された名作たちのうしろの扉は斎藤さんによって開かれていて、いつでもだれでも出入り自由。入らないのは、もったいないというものだ。

（なかえゆり／女優・作家）

本書は、単行本『名作うしろ読みプレミアム』として二〇一六年二月に中央公論新社より刊行されました。

このたびの文庫化にあたり、『吾輩はライ麦畑の青い鳥　名作うしろ読み』と改題し、加筆修正しました。

中公文庫

吾輩《わがはい》はライ麦畑《むぎばたけ》の青《あお》い鳥《とり》
──名作《めいさく》うしろ読《よ》み

2019年2月25日　初版発行

著　者　斎藤《さいとう》美《み》奈《な》子《こ》
発行者　松 田 陽 三
発行所　中央公論新社
〒100-8152　東京都千代田区大手町1-7-1
電話　販売 03-5299-1730　編集 03-5299-1890
URL http://www.chuko.co.jp/

DTP　嵐下英治
印　刷　三晃印刷
製　本　小泉製本

Published by CHUOKORON-SHINSHA, INC.
Printed in Japan　ISBN978-4-12-206695-3 C1195

各書目の下段の数字はISBNコードです。978－4－12が省略してあります。

中公文庫既刊より

さ-73-1
名作うしろ読み
斎藤美奈子
名作は〝お尻〟を知っても面白い！ 世界の名作一三二冊を最後の一文から読み解く、斬新な文学案内。文豪たちの意外なエンディングセンスをご覧あれ。
206217-7

た-15-9
新版 犬が星見た ロシア旅行
武田百合子
夫・武田泰淳とその友人、竹内好との旅を、天真爛漫な目で綴った旅行記。読売文学賞受賞作。竹内好の随筆「交友四十年」を収録した新版。〈解説〉阿部公彦
206651-9

た-30-52
痴人の愛
谷崎潤一郎
美少女ナオミの若々しい肢体にひかれ、やがて成熟したその奔放な魅力のとりことなった譲治。女の魔性に跪く男の惑乱と陶酔を描く。〈解説〉河野多恵子
204767-9

し-15-10
新選組始末記 新選組三部作
子母澤寛
史実と巷談を現地踏査によって再構成した不朽の実録。新選組研究の古典として定評のある、子母澤寛作品の原点となった記念作。〈解説〉尾崎秀樹
202758-9

お-41-2
死者の書・身毒丸《しんとくまる》
折口信夫
古墳の闇から復活した大津皇子の魂と藤原郎女との交感を描く名作と「山越しの阿弥陀像の画因」。高安長者伝説から起草した「身毒丸」。〈解説〉川村二郎
203442-6

テ-3-3
完訳 ロビンソン・クルーソー
ダニエル・デフォー
増田義郎 訳・解説
無人島に漂着したロビンソンは、持ち前の才覚と粘り強さを武器に生活を切り開く。文化史研究の第一人者が不朽の名作を世界経済から読み解く、新訳・解説決定版。
205388-5

に-21-1
本で床は抜けるのか
西牟田靖
「本で床が抜ける」不安に襲われた著者は、解決策を求めて取材を開始。「蔵書と生活」の両立は可能か。愛書家必読のノンフィクション。〈解説〉角幡唯介
206560-4